Klang erfahren
mit Klang professionell arbeiten

VERLAG
Peter Hess

Hinweis

Das vorliegende Buch ist sorgfältig erarbeitet worden. Dennoch erfolgen alle Angaben ohne Gewähr. Weder Autoren, Hrsg., noch Verlag können für eventuelle Schäden, die aus den im Buch gemachten Hinweisen resultieren, eine Haftung übernehmen.

Impressum

ISBN - 13: 978-3-938263-13-6
ISBN - 10: 3-938263-13-X
Layout und Satz: Sandra Lorenz, ideenpunkt@t-online.de
Bildnachweis: Seite 33, 35, 39, 44, 65, 107, 124, 141, 149, 155, 167, 178, 182 von Fabian Valentin im Auftrag des Instituts für Klang-Massage-Therapie, Uenzen
Druck: Rindt Druck GmbH & Co. KG

Klang erfahren
mit Klang professionell arbeiten

Erfahrungsberichte und theoretische Hintergründe
vom 3. Klang-Kongress 2006

Eine Veranstaltung des Instituts für Klang-Massage-Therapie
in Kooperation mit dem
Europäischen Fachverband Klang-Massage-Therapie e.V.

(Hrsg.)
Peter Hess und Christina Koller

VERLAG
Peter Hess

INHALT

Klang und Klangmassage in der Pädagogik

Klang und Klangmassage in Beratung und Therapie

Klang und Klangmassage in Heil- und Heilfachberufen

VORWORT
von Peter Hess

Ein weiterer Meilenstein in der Entwicklung von Klangmassage, Klangpädagogik und Klangmassage-Therapie nach Peter Hess® liegt hinter uns - der 3. Klang-Kongress in Dortmund vom 17.-19. März 2006.

Die zu Beginn des Klang-Kongresses geführte Podiumsdiskussion zum Thema »Klangmassage in der Medizin« hatte das umfangreiche Spektrum von Einsatzmöglichkeiten unserer Methode deutlich gemacht. Die Diskussion motivierte uns zur Produktion einer im Oktober 2006 erschienenen 58-minütigen DVD unter dem Titel »Klangmassage nach Peter Hess® in der therapeutischen Praxis«, in der der klinische Einsatz der Klangmassage bei schweren Krankheitsbildern, wie zum Beispiel nach Schlaganfällen oder in der Intensivmedizin, aufgezeigt wird. Mit Unterstützung des Europäischen Fachverbandes Klang-Massage-Therapie e.V. wird voraussichtlich im Jahr 2007 ein umfangreiches Erfahrungsbuch dazu veröffentlicht werden.

Mehrere tausend Ausgebildete in vielen Ländern Europas (und inzwischen fast weltweit) haben millionenfach Erfahrungen mit der Klangmassage gemacht und den besonderen Wert dieser Methode für ihre Arbeit in den Heil- und Heilfachberufen, in der Pädagogik und Therapie, in Pflegeberufen und im Wellness-Bereich schätzen gelernt. All diese vielen wertvollen Erfahrungen waren die Grundlage für das reichhaltige Workshop-Angebot auf dem 3. Klang-Kongress.

Da wir inzwischen auf einen breiten Erfahrungsschatz zurückgreifen können, macht uns das Mut für die Bewältigung der noch vor uns liegenden Aufgaben. Vieles ist noch zu entwickeln und zu verbessern. Konsequent werden wir diese wichtigen Erfahrungen in Fachkreisen und in der Öffentlichkeit noch prägnanter vorstellen. Diese Herausforderung nehmen wir gerne als Motor zur Weiterentwicklung an.
Wir denken, dass wir unsere Professionalität von Klang-Kongress zu Klang-

Kongress steigern konnten und sind daher der festen Überzeugung, dass wir auf dem richtigen Weg sind. Besonders freuen wir uns auf die zunehmende Resonanz aus der Wissenschaft, die sich in Veröffentlichungen wissenschaftlicher Studien, Diplomarbeiten und Dissertationen ausdrückt.

An dieser Stelle möchte ich allen Workshop-Leiterinnen und Workshop-Leitern herzlichen Dank sagen für ihr Engagement, ihre Beiträge zum Kongress und zu diesem Buch. Ganz herzlichen Dank auch an meinen Freund, langjährigen Mitarbeiter und Organisationsleiter Lutz Döring-Linke, der maßgeblich Anteil daran hatte, dass die bisherigen drei Klang-Kongresse mit zunehmender Qualität und Teilnehmerzahl stattfinden konnten.
Und Dank auch an meine engagierte Mitarbeiterin Christina Koller, die mit der Sammlung und Sichtung der einzelnen Beiträge die Hauptarbeit zur Veröffentlichung des vorliegenden Buches »Klang erfahren mit Klang professionell arbeiten« geleistet hat.

Wir freuen uns schon jetzt auf den 4. Klang-Kongress vom 27.-29. März 2009 in Dortmund und möchten Sie bereits heute dazu einladen.

Mit klangvollen Grüßen

Ihr

Peter Hess

KLANGMASSAGE IN DER MEDIZIN

Eine Zusammenfassung der Podiumsdiskussion anlässlich des 3. Klang-Kongresses in Dortmund

Dr. Christina Koller

Der 3. Klang-Kongress startete mit einem Diskussionsforum zum Thema »Klangmassage in der Medizin«. Die Podiumsdiskussion wurde von Werner Hönig im Namen des Instituts für Klang-Massage-Therapie und des Europäischen Fachverbandes Klang-Massage-Therapie e.V. eröffnet.
An der Diskussion beteiligt waren:

- Dr. phil. Christina Koller, Regensburg
- Dipl.-Ingenieur Peter Hess, Begründer der Klangmassage nach Peter Hess® und Leiter des Instituts für Klang-Massage-Therapie, Uenzen/Niedersachsen
- Dr. med. Uwe H. Ross, HNO-Facharzt, Freiburg
- Dr. med. Peter Hess, Arzt für Neurologie und Psychiatrie, Musiktherapeut (BVM), Lambsheim/Pfalz
- Dr. med. Herbert Seitz, Chirurg, Kufstein/Tirol
- Christine Vogel, Ärztin, Gestalt- und Musiktherapeutin (BVM), Berlin
- Peter Schmidt, Heilpraktiker, Herscheid

Dr. Christina Koller

Die Podiumsdiskussion wurde mit einem Impulsreferat von Dr. Christina Koller eingeleitet, an das sich die Beiträge der einzelnen Podiumsmitglieder anschlossen.

Christina Koller ist Dipl. Sozialpädagogin (FH) und promovierte an der Universität Bamberg (Pädagogik) zum Thema »Der Einsatz von Klängen in pädagogischen Arbeitsfeldern. *Dargestellt am Beispiel der Klangpädagogik nach Peter Hess*«. Sie ist Geschäftsführerin des Europäischen Fachverbandes Klang-Massage-Therapie e.V. und wissenschaftliche Mitarbeiterin am Institut für Klang-Massage-Therapie. In ihrem Beitrag, der sich an ihre Dissertation anlehnt, wurden Hintergründe und Wirkungsannahmen zur Arbeit mit Klängen vorgestellt.

Geschichte des Heilens mit Klängen
Das Angebot rund um den Einsatz von Klängen kann seit einigen Jahren einen steten Zuwachs in Form von Konzerten, Meditationen, Workshops, Aus- und Weiterbildungen verzeichnen. Auf den ersten Blick scheint es sich um einen neuen Bereich zu handeln. Bei näherer Betrachtung der Thematik wird jedoch schnell klar, dass die Verwendung von Klängen zu Heilungszwecken auf eine uralte Tradition zurückblicken kann - weltweit.
Märchen, Mythen und Legenden auf der ganzen Welt bringen Musik und Klang in Zusammenhang mit Schöpferkräften.

Musik, Klänge und Rhythmen erfüllten und erfüllen in fast allen Kulturen bestimmte Funktionen. Innerhalb religiöser und sozialer Zeremonien haben sie seit jeher ihren festen Platz. Jede Kultur dieser Welt hat ihre eigene Musik mit ihren eigenen Instrumenten und eigenen Klängen. Die Behandlung Kranker mit Musik ist in fast allen Kulturen der Welt zu finden und umfasst sowohl körperliche als auch seelische Leiden.

Die ältesten belegten Zeugnisse therapeutischen Einsatzes von Musik - Felsmalereien aus Zimbabwe - weisen darauf hin, dass bereits vor mehr als 26.000 Jahren Klänge zu Heilungszwecken eingesetzt wurden. Ägyptische Priesterärzte benutzten etwa 4.000 v. Chr. Beschwörungsmusik im Rahmen der Krankenbehandlung. In der griechischen Antike vertrat Plato die Vorstellung, dass Melodie und Rhythmus die innere Ordnung und Harmonie der Seele wieder herstellen können. In China herrschte die Vorstellung, dass Musik neben einer therapeutischen Wirkung auch Einfluss auf die Entwicklung der Moral hat. In der abendländischen Tradition führt Johannes Kepler in seiner »Weltharmonik« (1619) Zusammenhänge zwischen Gesellschaft und Musik aus.

Seit der Schaffung psychiatrischer Kliniken, um das Jahr 1800, wurde und wird Musik mit dem Ziel der Ablenkung, Sedierung oder Anregung hierzulande eingesetzt. Die moderne Musiktherapie befasst sich seit etwa 20 Jahren vermehrt auch mit dem Einsatz von Klängen. Hieraus hat sich die »Klangtherapie« entwickelt - als eine der zahlreichen musiktherapeutischen Konzepte. Aus dem Bereich der Musiktherapie, genauer der MusikMedizin als Disziplin der funktionalen Musiktherapie, werden zunehmend wissenschaftlich gesicherte Ergebnisse zum Einsatz von Musik, jüngst auch in Verbindung mit obertonreichen Klängen, bekannt.

Unterscheidung Klang und Musik

Die Begriffe Klang und Musik werden im Zusammenhang mit Wirkungshypothesen immer wieder parallel verwendet. Dies hängt einerseits damit zusammen, dass Klang der Musik immanent ist und andererseits ist dies darin begründet, dass es bislang nur sehr wenige Forschungen gibt, die sich explizit mit der Wirkung obertonreicher Klänge beschäftigen. Für all jene, die mit Klangmassage und ähnlichen Techniken arbeiten, ist es wichtig, Klang und Musik zu unterscheiden.

Klang ist neben Rhythmus und Melodie ein elementarer Bestandteil von Musik. Ein Klang wiederum definiert sich über die Parameter Lautstärke, Tonhöhe, Klangfarbe und Schalldruck. Je nach Frequenzgemisch, also dem Verhältnis zwischen Grundton und Obertönen, ist wiederum zwischen einem reinen Ton (einem Sinuston), einem Klang und einem Geräusch zu unterscheiden. Ein Sinuston kommt in der Natur praktisch nicht vor. Von einem Klang sprechen wir, im Gegensatz zum Geräusch, nur dann, wenn das Verhältnis zwischen Grundton und Obertönen ganzzahlig ist.

Klänge sind ein Teil von Musik. Klänge sind aber ursprünglicher, archaischer als Musik - Klänge gab es lange bevor der Mensch begann Musik zu schaffen. Die Einfachheit von Klängen stellt eine ihrer Besonderheiten dar. Diese Einfachheit ist nicht im Sinne einer Banalität, sondern eher im Sinne eines »Weniger-ist-mehr-Prinzips« zu verstehen. Klang führt in die Reduktion auf das Wenige, das Einfache, in die Ruhe und die Stille. Zentral ist hier auch der damit verbundene Aspekt des »Aufhörens«. Dieses Aufhören ist einerseits im Sinne von beenden und andererseits im Sinne von besonders »Ohr sein«, besonders gut zuhören, zu verstehen.

In unserer Gesellschaft findet eine permanente Reizüberflutung auf allen Sinnesebenen statt - vor allem aber hinsichtlich des akustischen und visuellen Sinnes. Im Beenden kreisender Gedanken durch den Reizentzug, den obertonreiche Musik für den intellektualisierenden Geist darstellt, ist eine Parallele zu verschiedenen Meditationsformen zu finden. Meditation führt in die Entspannung und Entspannung führt nachweislich zum Abbau von Stress und wirkt sich positiv auf den Erhalt der physischen und psychischen Gesundheit aus.

Im Klangraum wird Einlassen, Loslassen und Aufhören möglich. Im Einlassen auf den Klang kommt der Mensch wieder in Kontakt zu sich selbst, zu den eigenen Bedürfnissen, es wird möglich, die Dinge klar zu sehen, hinzusehen.

Im Erklingen und Verklingen, in der Wiederholung und der Vielfalt der Obertöne offenbart sich der Klang - der Klang steht für sich. Die Einfachheit von Naturton-Instrumenten bietet eine besondere Qualität, die die Fantasie herausfordert, die zum Horchen, Ausprobieren, Träumen und kreativen Gestalten einlädt. Die Einfachheit bietet darüber hinaus auch eine neue Herangehensweise an Klänge an, nicht über den Intellekt, sondern direkt über den Körper, über Hören, Fühlen, Sehen, Schmecken usw. - Klänge fördern die ganzheitliche Wahrnehmung. Dieses sinnliche Erfahren der Klänge steht dabei jenseits der Wertung von »musikalisch« oder »unmusikalisch« - Klang an sich ist wertfrei - hierin liegt ein besonderer Vorteil im Gegensatz zur Musik.

In der Arbeit mit Klängen wird der Mensch in seiner Ganzheit angesprochen, er spürt und erfährt sich auf allen Ebenen - körperlich, geistig und seelisch. Im Spüren wird Erkennen, im Erkennen Loslassen und Aufgeben möglich. Und dies sind die Grundvoraussetzungen einer Heilung, eines Heil-werdens im ganzheitlichen Sinne.
Vielleicht liegt hier auch der Schlüssel, warum viele Menschen von Klängen so stark berührt sind - weil sie den Bezug zu ihrer verloren gegangenen Ganzheit wieder spüren.

Rhythmus und Resonanz - Bindeglied zwischen Mensch und Klang
Im Hinduismus heißt es »Nada Brahma«, was übersetzt werden kann mit »Die Welt ist Klang". Der Musikjournalist und -kritiker Joachim-Ernst Berendt († 2000) hat »Nada Brahma - Die Welt ist Klang« zum Titel eines seiner bekanntesten Bücher gemacht. »Nada Brahma - Die Welt ist Klang« (1985) beschreibt eine zentrale Grundlage für die Arbeit mit Klängen.
Klang ist Schwingung, und spätestens seit den 70er Jahren geht man in der

Teilchenphysik und Quantenmechanik davon aus, dass jedes Objekt als schwingende Welle oder Teilchen beschrieben werden kann.

Klang ist physikalisch gesehen eine Schwingung, ein akustisches Signal, das durch den Schall übertragen wird. Wenn Klang Schwingung ist und auch alle Materie Schwingung ist, so die Ableitung, dann ist die Welt Klang.

Jede Schwingung hat ihren eigenen Rhythmus. Rhythmus stellt die Grundenergie des Kosmos dar, Rhythmus ist ein Urprinzip.
Rhythmus ordnet die Zeit in sinnlich fassbare Teile. Im Körper und in der Natur ist alles von Rhythmen, von Periodizität und Regelmäßigkeiten bestimmt. Von Klang sprechen wir erst, wenn eine Schwingung rhythmisch ist, ist sie es nicht, wird von einem Geräusch gesprochen. Jeder Klang hat also seinen eigenen Rhythmus. Rhythmen verbinden als Ordnungsprinzip des Lebens die Natur des Kosmos mit der des Menschen.

Jeder Mensch hat seinen eigenen Klang. Man kann jemanden beispielsweise an seiner Stimme, an seinem Lachen oder am Rhythmus seines Ganges erkennen. Über diese hörbaren Klänge hinaus gibt es aber auch sehr leise, nicht direkt wahrnehmbare Klänge beziehungsweise Schwingungen im Menschen.

Neben den Klängen, die der Mensch produziert, klingt auch der Körper, klingt jedes Organ, jede Zelle. Den Klang der Zellen haben 2004 Wissenschaftler der University of California, Los Angeles, hörbar gemacht. Untersuchungen haben gezeigt, dass gesunde Zellen harmonische Klänge aufweisen, wohingegen Krebszellen disharmonisch klingen. Diese neue, unter dem Begriff »Sonozytologie« entstehende Disziplin beschäftigt sich nun damit, ob vielleicht in Zukunft Krankheiten am Klang der Zellen erkannt werden können.
In der Vedischen Heilkunst wird eine »Klang-Diagnose«, wenn man so sagen will, bereits seit jeher praktiziert. Der Rhythmus und die Stärke des Pulses geben dem Arzt Auskunft über den Gesundheitszustand seines Patienten.

Der Mensch selbst kann als schwingendes, klingendes System betrachtet werden. Klänge können über das Phänomen der Resonanz dieses System beeinflussen. Resonanz kann also als zentrales, wenn nicht sogar als das wichtigste Phänomen in der Arbeit mit Klängen betrachtet werden.

Rein sprachlich bedeutet »Resonanz« zurück-tönen, antworten durch Mittönen. Im musikalischen Sprachgebrauch beschreibt Resonanz das Phänomen des Mitschwingens von Körpern, das durch eine Klangquelle ausgelöst wird. Resonanz ist aber nicht nur ein musikalisches, sondern ein grundlegendes physikalisches Phänomen. In der Physik besteht Resonanz darin, dass Schwingungen (also Rhythmen) miteinander in Wechselwirkung treten und sich überlagern. Dabei können sich die Schwingungen entweder gegenseitig anregen und verstärken oder sich abschwächen und auslöschen.

Friedrich Cramer, ehemaliger Direktor am Max-Planck-Institut für Experimentelle Medizin in Göttingen, sagt in seinem Buch »Symphonie des Lebendigen« (1998): »Resonanz ist das, was die Welt im Innersten zusammenhält«.
Basierend auf dieser Diskussion um den Versuch einer allgemeinen Resonanztheorie fasst er den Begriff der Resonanz zusammen als die Möglichkeit, »den Zusammenhang der Welt herzustellen und zu wahren«.

Resonanzphänomene kommen aber nicht nur auf materieller Ebene sondern auch auf emotionaler Ebene vor. Dies spiegelt sich auch in unserer Sprache, wenn wir davon sprechen, dass wir mit jemandem »auf gleicher Wellenlänge« sind, dass etwas uns berührt (in uns also eine Resonanz auslöst).
Die Musiktherapeutin Barbara Gindl unterscheidet in ihrem Buch »Anklang« (2002) zwischen physikalischer und psychologischer Resonanz und geht dabei ausführlich auf den Begriff der emotionalen Resonanz ein.

Rhythmus, Zyklen, Periodizitäten bestimmen das menschliche Leben von Anfang an. Der menschliche Organismus ist determiniert durch ein Zusammenspiel unzähliger Biorhythmen mit bestimmten Eigenfrequenzen, der nur optimal funktioniert, wenn alle Schwingungen in Resonanz miteinander stehen, harmonisch zueinander klingen.
Aus dieser Sichtweise ist Gesundheit die Fähigkeit des Organismus zur dynamischen, rhythmischen Resonanz- und Schwingungsfähigkeit. Hingegen ist Krankheit eine gestörte Körperresonanz zwischen den einzelnen Systemen. Bei Herzrhythmusstörungen, Schlafstörungen oder Blutdruckschwankungen ist dies ganz offensichtlich.

Es geht also im Falle einer Krankheit oder eines Unwohlseins darum, die verschiedenen Körperschwingungen wieder harmonisch zueinander schwingen zu lassen.
Dies ist ein zentraler Ansatzpunkt für die Wirksamkeit der Klangmassage. Die harmonischen Schwingungen der Klangschale wirken sich positiv auf die Rhythmen des menschlichen Körpers aus, helfen ihm, wieder in seine Harmonie zu finden. Hier setzt das natürliche Harmonisierungsbestreben des Körpers ein - so die Überlegung. Daraus lässt sich die positive Wirkung der Klangmassage auf die Selbstheilungskräfte des Menschen erklären. Klang als Prävention scheint demnach sehr sinnvoll.

Die Beeinflussung der Körperrhythmen über Klänge erfolgt aber nicht nur auf der Ebene der zeitlichen Struktur des komplizierten Schwingungssystems Mensch, sondern auch auf der räumlichen Ebene über die hohlraumartigen Strukturen des menschlichen Körpers, die prinzipiell als Resonanzkörper, als Resonatoren dienen.

Wirkung von Klängen
Grundlegend für das Verständnis der Wirkung von Klängen ist die Klangwahrnehmung und -verarbeitung. Diese geschieht einerseits über das Hören des Klanges als akustisches Signal und andererseits durch das Wahrnehmen des Klanges als physikalische Schwingung, die auf unseren Körper trifft. Das heißt, es werden einerseits die akustischen Impulse über das Ohr und andererseits die Schwingung, die über hunderttausende verschiedene Rezeptoren der Haut für Temperatur und Berührung wahrgenommen werden, an das Gehirn weitergeleitet.

Die verschiedenen Wahrnehmungssignale werden im Gehirn in hoch komplexer Weise verarbeitet und lösen wiederum Reaktionen auf verschiedenen Ebenen aus. Es kommt auf neuromuskulärer, physiologischer, hirnphysiologischer und vegetativer Ebene zu körperlichen Resonanzprozessen.
Die Wirkung von Klängen ist immer sehr komplex. Zum besseren Verständnis kann sie aber in Wirkungen auf verschiedenen Ebenen eingeteilt werden.

Aufgrund ausführlicher Literatur- und Internetrecherchen zum aktuellen

Stand der Forschung hinsichtlich der Annahmen zur Wirkung von Klängen (und Musik), lassen sich folgende Aussagen zusammenfassen:

Auf körperlicher Ebene wirken Klänge über den Hör- und Tastsinn. Dem Sinnesorgan Ohr kommt in der Gesamtkomposition Mensch eine zentrale Rolle zu und somit auch dem Hören. Sowohl Hör- als auch Tastsinn sind ontogenetisch die ersten funktionsfähigen Sinne - bereits im Mutterleib.

Klänge wirken entspannend, stress- und angstreduzierend und unterstützen das natürliche Harmonisierungsbestreben des Organismus. Klänge wirken sich positiv auf die Mobilisierung der Selbstheilungskräfte aus und tragen damit zur Gesunderhaltung bei. Ferner stimulieren Klänge über den vibrationalen Reiz (bei direktem Körperkontakt) Körper und Gehirn. Diese Wirkungen werden vor allem innerhalb der MusikMedizin genutzt, zum Beispiel beim Einsatz von Musik in der Anästhesie oder Schmerztherapie.

Auf neuronaler Ebene können Klänge gezielt zur Beeinflussung der Gehirnwellen eingesetzt werden. Sie rufen neurophysiologische Reaktionen hervor, wie beispielsweise die Ausschüttung von Neurotransmittern. Sie regen die Reorganisation beziehungsweise Neuvernetzung neuronaler Verbindungen an, was in der Rehabilitation von Schlaganfallpatienten bereits erfolgreich genutzt wird.

Auf psychologisch-emotionaler Ebene sprechen Klänge über das Limbische System direkt Emotionen an, ohne von der Ratio zensiert zu werden. Klänge sind hervorragend als nonverbales Kommunikations- und Ausdrucksmittel einsetzbar. Die Klänge obertonreicher Instrumente, wie zum Beispiel von Klangschalen und Gongs, erinnern stark an intrauterine Klangwelten und werden daher oft mit dem Erleben in der Pränatalzeit verbunden (Stichwort: Urvertrauen). Klänge begünstigen zudem das Entstehen emotionaler Resonanz – als Grundlage zwischenmenschlicher Beziehungen.
Darüber hinaus können sie veränderte Wachbewusstseinszustände induzieren und damit Zugang zu ungenutzten Ressourcen ermöglichen. Gerade im Bereich der Musiktherapie gibt es hier verschiedene Konzepte, die auf diesen Wirkungen aufbauen.

Die Wirkung von Klängen auf energetisch-spiritueller Ebene entzieht sich zwar der wissenschaftlichen Betrachtungsweise, soll aber der Vollständigkeit halber hier mit einbezogen werden. Klänge wirken ausgleichend auf Aura, Chakren und Meridiansystem. Gerade in ayurvedischer und chinesischer Medizin findet dieses Wissen seit Jahrtausenden Anwendung. Klänge stehen in enger Verbindung zu Ritualen und regen zum Hören, Zuhören und Lauschen - zum Hören nach Innen - an. Bei fast allen Religionen der Welt spielen Musik und Klänge eine wichtige Rolle.

Insgesamt lässt sich sagen, dass die Wirkung von Klängen **nichts** mit »daran glauben« zu tun hat - jedenfalls nicht mehr, als bei anderen Methoden (vgl. hierzu die moderne Placeboforschung).
Gerade durch ihre unkomplizierte Handhabung scheint die Klangmassage nach Peter Hess® einen wertvollen Beitrag zur Erhaltung der Gesundheit leisten zu können. Ergänzend oder für sich alleine kann sie auch gezielt zum Genesungsprozess beitragen.
Die zahlreichen Erfahrungen der Anwender/innen aus Heil- und Heilfachberufen sprechen hier für sich.

Im Anschluss an das Impulsreferat folgten die Beiträge der einzelnen Referenten.

Rückblick auf die Entwicklung der Klangmassage nach Peter Hess®
Peter Hess ist Begründer der gleichnamigen Klangmassage, Leiter des Instituts für Klang-Massage-Therapie und Vorsitzender des Europäischen Fachverbandes Klang-Massage-Therapie e.V.

Anfang der 80er Jahre entwickelte Peter Hess die Methode der Klangmassage. Zahlreiche Erfahrungen, die er auf Reisen durch Nepal und Indien sammeln konnte, prägten seine Vorstellung über die Wirkung von Klängen und trugen entscheidend zur Entwicklung seiner Methode bei. Schon bald erkannte er die zentrale Bedeutung von Klang - im Osten genauso wie im Westen, »was oft vergessen wird!«, so Peter Hess.

Es waren private Gründe und sein fachliches Interesse als Radiästhet, die ihn auf Forschungsreisen zu alternativen Heilern wie Schamanen, Phu-Baidya und zu Kraftplätzen in Nepal und Indien bewegten. Mit Unterstützung seines Freundes Prof. Dr. Niels Gutschow besuchte er damals zahlreiche Plätze in Nepal, um sie energetisch auszumessen. Bei diesen Untersuchungen in den späten 70er Jahren fiel ihm auf, dass die nepalischen Krankenhäuser fast leer waren. Fragte er Schamanen, wie sie das erklären würden, meinten diese, dass die Leute lieber zu ihnen kommen würden. Peter Hess berichtete, dass es in den letzten Jahren ein sehr interessantes und effektives Projekt der Regierung gab, das Schamanen eine Basisausbildung in der Allopathie ermöglichte, so dass sie im Notfall zum Beispiel Antibiotika oder andere notwendige Medikamente verabreichen können. Es zeigte sich aber, dass diese Medizin kaum zur Anwendung kam, da die schamanistischen Methoden sehr wirkungsvoll waren und sind. Über 80 Prozent der Krankheiten können in Nepal durch die Schamanen geheilt werden. Die Person gelangt beim Schamanen in einen tranceähnlichen Zustand, gerät in einen Raum, in dem Loslassen von behindernden Gedanken etc. geschehen kann, woraus Heilung entstehen kann. In Nepal gibt es die Gottheit Manushri, die symbolisch mit einem Schwert den Kopf abschlägt, damit die Dummheit geschlachtet wird, erklärt Peter Hess.

Heilung entsteht über die Psyche, eine Einsicht, die von der modernen Placeboforschung zunehmend belegt wird. Oft ist es gar nicht notwendig Tabletten zu nehmen. Es ist wunderbar, dass es Medikamente gibt, aber oft sind sie einfach nicht nötig. Die zahlreichen Rückmeldungen aus der Klangmassage-Praxis zeigen, dass die Entspannungsmethode nach Peter Hess® einen wertvollen Beitrag zur Gesunderhaltung leisten kann und Medikamente oft reduziert oder ganz abgesetzt werden können - natürlich immer in Absprache mit dem behandelnden Arzt.

Es ist ein langer Weg, Schamane zu werden, und die schamanische Heilweise passt auch nicht ganz in unsere Gesellschaft. Das Erlernen von bestimmten Rhythmen, die im schamanischen Ritual eingesetzt werden, ist oft sehr schwierig und langwierig. Uns helfen hier die Klangschalen. Ihre Klänge bringen uns oft sehr schnell mit unseren Gefühlen in Kontakt, sie leiten uns in die Wahrnehmung, in unser Inneres - Weiterentwicklung ist möglich. Über die Klangmassage kommen wir sehr schnell und leicht in einen tranceähnlichen

Zustand, in dem Loslassen und damit Neuordnung möglich wird. Die Klänge lassen uns entspannen, befreien uns von immer wiederkehrenden Gedanken. Dies führt zu dem wohltuenden Kreislauf: Entspannung - Stress reduzieren - Neuordnung finden. In der Entspannung finden wir den Raum um klar zu werden, wir können sozusagen als neutraler »Beobachter« unsere Situation betrachten, entdecken, wo wir eigentlich hin wollen - wenn dieses Hinsehenkönnen geschieht, dann ist der »Schalter« umgelegt, eine neue Sicht von Gesundheit entsteht. Das Loslassen im sicheren Raum der Entspannung ist die beste Voraussetzung, um auch Selbstverantwortung zu übernehmen und Gesundheit zu fördern.

Auf die Klänge der Klangschalen können wir uns hier im Westen gut einlassen und ihre Wirkung ist technisch erklärbar. Die Erklärbarkeit scheint hier im Westen für viele Menschen von besonders großer Bedeutung zu sein, als würde nur wirken, was wissenschaftlich nachgewiesen werden kann. Wissenschaft war Peter Hess bislang nicht wichtig, die Erfahrungen waren das, was für ihn zählte, und diese Erfahrungen zeigten, wie gut den Menschen die Klangmassage tut - also wozu Wissenschaft?
»Aber jetzt ist die Zeit gekommen zur Zusammenarbeit mit Wissenschaftlern und gegenseitiger Unterstützung!«, so Peter Hess.

Mittlerweile sind mehr als 3.000 Menschen in der Methode der Klangmassage nach Peter Hess® ausgebildet und wenden sie in Wellness, Pädagogik, Heil- und Heilfachberufen und vielen anderen Bereichen erfolgreich an. Es kann auf millionenfache Erfahrungen mit der Klangmassage zurückgeblickt werden, und es ist nicht ein Fall bekannt, bei dem die Klangmassage negativ gewirkt hätte. Allerdings kann es in Einzelfällen zu »Nebenwirkungen« kommen, wenn beispielsweise des Guten etwas zu viel getan wird. Es können alte Schmerzen wieder auftauchen - ähnlich wie bei der sogenannten »Heilungskrise« in der Homöopathie.
Peter Hess hielt seine ersten Ausbildungskurse in Deutschland zusammen mit einer Frau ab, die in biodynamischer Massage ausgebildet ist. Es war in den Kursen immer wieder beeindruckend, wie stark die Klangmassage wirkte, insbesondere wie schnell sie in die Entspannung führte und sozusagen spielerisch das Loslassen von Blockaden unterstützte. Immer zahlreicher besuchten

Teilnehmer aus Krankengymnastik, Physiotherapie und anderen Heil- und Heilfachberufen die Ausbildungskurse und haben Peter Hess zu Vorträgen in ihre Praxen eingeladen. So ging der Weg stetig weiter. Dr. Herbert Seitz war damals einer der ersten Ärzte, die Peter Hess begegneten und von seiner Methode der Klangmassage überzeugt wurden. Dass die Klangmassage von Seiten der Heil- und Heilfachberufe immer mehr Akzeptanz erfuhr, zeigte auch eine Klang-Tagung, die vor vier Jahren in Ybbs/Donau (Österreich) unter der Schirmherrschaft einer Psychiatrischen Klinik stattfand. Vor sechs Jahren lud das Institut für Klang-Massage-Therapie zum 1. Klang-Kongress in Dortmund ein. Das große Interesse bestätigte Peter Hess und seine Mitarbeiter/innen auf ihrem Weg.
»Es wird deutlich, wie weit wir schon gemeinsam auf diesem unendlich interessanten Weg gegangen sind. Auch wenn die Methode Klangmassage »nach Peter Hess®'« heißt, ist es keine Peter Hess-Methode, denn ich habe nur den Anstoß gegeben, wir schöpfen aus den vielen Erfahrungen in der Praxis. Es ist wunderbar mit Euch allen, die ihr mit Klang arbeitet, diesen Weg gemeinsamen zu gehen!«, sagte Peter Hess an das Publikum gewandt.

Peter Hess wies darauf hin, dass bereits heute eine stetig wachsende Anzahl an Publikationen zum Thema Klangmassage im Handel erhältlich ist: Die Fachzeitschrift KLANG-MASSAGE-THERAPIE erscheint ein bis zwei Mal im Jahr mit einer Auflage von derzeit 7.000 Exemplaren; sie ist das offizielle Organ des Fachverbandes Klang-Massage-Therapie e.V. Ferner werden regelmäßig neue Bücher aus der Erfahrungs- und Informationsreihe im Verlag Peter Hess veröffentlicht. »Dies alles zeigt, dass wir auf dem richtigen Weg sind, dass wir professionell und verantwortungsvoll die Klangmassage einsetzen.«, so Peter Hess.

In jüngster Zeit weckt die Klangmassage nach Peter Hess® auch immer mehr das Interesse der Medien. So haben renommierte Zeitungen wie die FAZ oder die Süddeutsche Zeitung über die Methode der Klangmassage berichtet. Auch von Seiten der Fachleute findet die Klangmassage nach Peter Hess® immer mehr Beachtung. Seit kurzem besteht in Kooperation mit einigen Einrichtungen in NRW die Möglichkeit, die Klangmassage-Ausbildung im Rahmen von Bildungsurlaub zu absolvieren. Das Land NRW bezuschußt mit

Bildungsschecks bis zu maximal 750 € berufliche Weiterbildungsmaßnahmen. Das breite Fort- und Weiterbildungsangebot des Instituts für Klang-Massage-Therapie stellt sicher, dass die Klangmassage in den unterschiedlichen und zahlreichen Einsatzfeldern professionell und sicher zur Anwendung kommt und stetig weiterentwickelt wird. Mit den Worten: »Wir sind auf einem guten Weg - weiter so!«, schließt Peter Hess seinen Beitrag.

Dr. Uwe H. Ross
ist Hals-, Nasen-, Ohren-Arzt und in der somatischen und wissenschaftlichen Medizin »sozialisiert«, wie er selbst sagt. Er arbeitet im psychotherapeutischen Bereich unter anderem mit Tinnitus-Patienten in freier Praxis.

Vor acht Jahren hatte er im Auftrag der Universität Freiburg ein Klinik-Konzept etabliert, bei dem im Rahmen eines psychosomatischen Therapie-Konzeptes auch mit der Klangmassage gearbeitet wurde. Hier geht Dr. Ross auf den Trance induzierenden Effekt der Klangmassage ein und weist darauf hin, dass bereits im alten Ägypten Hypnose-Methoden angewandt wurden. Das Konzept, das mit ressourcen- und lösungsorientierten Grundsätzen verbunden war, hatte Dr. Ross über vier Jahre geleitet. Viele Patienten haben das Konzept, das auch wissenschaftlich evaluiert wurde, für sich sehr sinnvoll erlebt. Die Ergebnisse der Untersuchung zeigten, dass das Konzept im Vergleich zu eher defizitorientierten Ansätzen, gleiche Ergebnisse in kürzerer Zeit aufwies.

Dr. Ross weist darauf hin, dass es grundsätzlich interessant ist, den Unterschied zu betrachten, wie im Osten und wie im Westen mit Leid umgegangen wird: Im Westen sind wir bestrebt, Leiden zu verhindern, abzuschalten, mit Medikamenten zu behandeln. Im Osten ist es eher üblich, sich mit dem Leiden auseinanderzusetzen, daran zu wachsen.

Klangmassage ist für Dr. Ross eine Methode, die bei Tinnitus eine Veränderung bewirken kann. Es ist eine Methode, bei der der Patient passiv sein kann und dennoch spürt, dass in ihm heilende Kräfte wirken, ohne dass von außen ein Medikament zugeführt wird. Mit der entsprechenden Intervention bei der Klangmassage könnten möglicherweise auch Neurotransmitter im Gehirn beeinflusst werden.

Dr. Ross selbst arbeitet sehr ressourcen- und lösungsorientiert, weniger defizitorientiert, er benutzt die üblichen Etikettierungen der Psychiatrie in der Therapie nicht. Aber natürlich ist es wichtig, diese Fachsprache zu beherrschen, denn nur so kann man sich im professionellen Kontext mit Kollegen verständigen. Häufig ist es so, dass die Wissenschaft praktischen Erfahrungen »hinterherhinkt«. Studien belegen dann oftmals Dinge, die aus der Praxis schon seit langem bekannt sind. Dennoch ist es wichtig diese Nachweise zu erbringen, um Methoden, wie die Klangmassage nach Peter Hess®, zunehmend zu etablieren, erklärt der Mediziner.

Dr. Uwe Ross, der schwerpunktmäßig mit Tinnitus-Patienten arbeitet, nutzt die Klangmassage, um den Patienten neue, positiv besetzte Hörerfahrungen zu ermöglichen. Durch die Klangmassage können - im heilsamen Sinne - tiefe Tranceprozesse ausgelöst werden. Die Klangmassage als solche arbeitet dabei nicht zielgerichtet, sondern gibt eher unspezifische Anregungen, damit sich der Organismus »neu organisieren« kann.

Bei der Klangmassage wirken Schwingungen über zweierlei Kanäle: Einerseits über das Hörsystem, andererseits wird auch das propriozeptive System auf angenehme Weise angeregt, das heißt die emotional eher positiv gefärbten, somatosensorischen »Landkarten« im Gehirn werden angeregt. Ein störendes Ohrgeräusch ist meist mit einem »negativen« Gefühl, wie Angst, Ärger oder Traurigkeit verbunden. Bei der Klangmassage können positiv gefärbte, körperlich spürbare Erlebnisinhalte (Ressourcen) aktiviert und mit der Tinnitus-Wahrnehmung verbunden werden, was die Neubewertung des Ohrgeräusches erleichtert. Es ist anzunehmen, dass sich dadurch auch Veränderungen auf neuronaler Ebene einstellen.

Natürlich kann es bei der Klangmassage auch mal zu »Nebenwirkungen«, wie Kopfschmerzen, Schwindel oder Angst kommen, wie auch bei anderen Methoden, wie beispielsweise der Craniosakralen Therapie. Denn Entspannung kann Angst vor Kontrollverlust auslösen, die sich zum Beispiel in Kopfschmerzen äußern kann - der Körper versucht damit gewissermaßen dem vielleicht fremden Entspannungseffekt entgegenzuwirken. Gerade für eher rational organisierte Menschen können die Entspannungseffekte befremdlich sein und derartige körperliche Phänomene auslösen. Manchmal lassen sie sich aber auch auf eine ganz normale Blutdruckerniedrigung bei der Entspannung zurückführen - was ebenfalls Kopfschmerzen auslösen kann. Dr. Ross rät den Anwendern daher, mit einer eher niedrigen »Dosis« zu beginnen, um den Körper langsam an die Klangmassage und die einsetzende Entspannung zu gewöhnen.

Dr. Peter Hess
ist Arzt für Neurologie und Psychiatrie sowie Musiktherapeut (BVM). Er arbeitet in einer Psychiatrischen Klinik mit genau den Etikettierungen, von denen Dr. Ross so eben gesprochen hatte und setzt dort auch Medikamente ein. Er beschäftigt sich seit zwanzig Jahren intensiv mit Klängen und hat die Musiktherapie seit etwa derselben Zeit in der Klinik, in der er tätig ist, eingeführt. Die Musiktherapie hat sich zeitweise sehr von der Klangtherapie abgegrenzt, er selbst hat aber festgestellt, dass die Klänge oder die Klangwirkung ihn zunehmend faszinierten, so dass er auch immer mehr damit gearbeitet hat. Innerhalb seiner musiktherapeutischen Arbeit haben Klänge so ihren festen Platz gefunden, als etwas, was zur Heilung beitragen kann.

Man weiß aus Höhlenmalereien, dass Heilung mittels Klang und Trance schon seit 30.000 Jahren praktiziert wird. Auf besagten Bildern ist zu sehen, dass ein Schamane einen Patienten mit einem Instrument bespielt, er versetzt sich selbst in Trance, um dem am Boden liegenden Patienten zu helfen. Natürlich war der Einsatz von Klang und Trance damals eher für körperliche Erkrankungen gedacht. Heute stellen wir jedoch zunehmend fest, dass Klänge auch bei seelischen Erkrankungen sehr hilfreich zur Anwendung kommen können. Die Wirkung passiert, wie oben beschrieben, über den Körper, über unser Gehirn, über die Ohren - über die Musikrezeption, bei der unsere Gefühle angeregt werden, die vielleicht bislang blockiert waren. Dabei werden aber auch Prozesse angestoßen, die uns bisher verborgen waren. Sie werden durch die Klänge aktiviert und können dann verarbeitet werden - im wahrsten Sinne kann also mit Klängen psychotherapeutisch gearbeitet werden.

Dr. Peter Hess hat im Laufe der vergangenen zwanzig Jahre eine Form der Klangtherapie entwickelt, die hauptsächlich mit Gongs arbeitet und einige andere obertonreiche Instrumente einbezieht. Dabei wird Trance als uraltes Medium der Heilung genutzt.

Die Arbeit mit außergewöhnlichen Bewusstseinsprozessen ist natürlich in der Psychiatrie besonders wichtig. In die Psychiatrie kommen Menschen in schweren emotionalen Krisen und unter anderem mit außergewöhnlichen Wahrnehmungen. Üblicherweise wird versucht, mit Gesprächen und Medikamenten zu helfen. Einen noch intensiveren Zugang zu den Problemen und eine bessere Verarbeitung der Krisen bietet die Arbeit mit Klängen.

Seit zwanzig Jahren integriert Dr. Hess die Arbeit mit Klängen in das Konzept der Klinik Frankenthal, in der er arbeitet und wendet sie gezielt in diversen Bereichen an, wie zum Beispiel zur Entspannung, zur Förderung von Ressourcen, zur Körperarbeit, zur Wahrnehmung von Gefühlen, zur Bearbeitung von erlittenen Traumata, zur Arbeit mit Trauer bei Verlust von Angehörigen und zur Integration außergewöhnlicher Bewusstseinszustände.

Das spezielle musiktherapeutische Angebot in Frankenthal schlägt eine Brücke von uralten Heilzeremonien zur modernen Psychotherapie. Das Instrumentarium reicht von archaischen Klangkörpern, wie beispielsweise Gongs, Didgeridoos, Trommeln, Rasseln und Flöten, zu außereuropäischen, vorwiegend indischen Instrumenten, wie Tampura, Tabla, Shruti Box, bis hin zu neu entwickelten Instrumenten der Musiktherapie, wie Körpermonochord, Klangstuhl, Klangwiege, Ocean Drum oder Kotamos.

Am Anfang hatte Dr. Hess Bedenken, in der Psychiatrie mit Klängen zu arbeiten. Es tauchten Fragen auf wie: »Werden die Patienten dann noch verrückter, sind sie noch weniger geerdet?« Es passierte aber genau das Gegenteil, die Menschen kamen in ihren Körper zurück, wurden aktiviert, Selbstheilungsprozesse konnten angestoßen werden. Es geht in der von ihm entwickelten Klangtherapie darum, in der Trance die Angst vor den außergewöhnlichen Bewusstseinszuständen zu verlieren. Viele von uns verbinden den Begriff Trance mit etwas Ungewöhnlichem, dabei kennen wir alle Trancezustände, beispielsweise in Form der Minitrance. Wir können diese außergewöhnlichen Bewusstseinszustände sehr wohl nutzen; wir können Ur-Instrumente, wie

Klangschalen, Gong, Didgeridoo, Monochord, Gesang (Obertöne) nutzen - all diese primär prozesshaften Instrumente können uns sehr tief berühren. Mit steter Weiterentwicklung des Einsatzes von obertonreichen Klängen hat Dr. Hess das klassische musiktherapeutische Instrumentarium, wie Klavier oder ähnliches, weit hinter sich gelassen. »Es sind diese anderen, archaischen Instrumente, die uns auf einer ganz tiefen Ebene anregen!«, so Dr. Hess.

Auf die Frage nach Erklärungsansätzen für die Wirkung der Klangmassage erläutert Dr. Hess, dass das Instrument an sich durch die rein physikalische Schwingung wirkt, die sich auf den Körper überträgt, vom Körper aufgenommen wird und dann auf körperlicher und psychischer Ebene wirkt. Das macht eben auch den Unterschied so bedeutend, ob ein Instrument direkt auf den Körper aufgestellt wird oder vom Tonband gehört wird.

Dr. Herbert Seitz
ist Facharzt für Chirurgie, lebt und arbeitet in Kufstein/Tirol (Österreich). Er war jahrzehntelang als »reiner Schulmediziner« tätig. Er arbeitete vorrangig als Unfallchirurg, in der Allgemein- und Gefäßchirurgie, in der Orthopädie und physikalischen Rehabilitation. Vor etwa zehn Jahren ist er Peter Hess begegnet und hat die Klangmassage kennengelernt und sie in seinen damaligen Berufsalltag, als ärztlicher Leiter des Kurzentrums Bad Häring in Tirol, eingesetzt. Er war von Anfang an interessiert, wie die Klangmassage nach Peter Hess® im Vergleich zu anderen Therapien wirkt, etwa bei Durchblutungsstörungen nach Unfällen, nach Schlaganfällen, bei Morbus Parkinson. Er konnte viele positive Erfahrungen mit der neuen Methode sammeln und beobachten, dass oft mit zwei bis drei Klangmassage-Sitzungen ein besseres Ergebnis zu erzielen war, als mit zehn Elektro-Therapie-Sitzungen. Heute arbeitet Dr. Seitz in eigener Praxis und ergänzt sein schulmedizinisches Behandlungsspektrum mit der Klangmassage. Dazu verwendet er Klangschalen, und in den letzten Jahren ergänzt er ihre Wirkung durch die therapeutische Anwendung von Gongs. Seine Tätigkeit steht unter dem Motto: »Ich behandle prinzipiell nicht die Krankheit selbst, sondern unterstütze durch Klangmassage die ganzheitliche Selbstheilung und Rehabilitation des Patienten!« Dr. Seitz hat ein eigenes Erklärungsmodell zur Wirkung der Klangmassage nach Peter Hess® entwickelt:

Eine gesunde Zelle verfügt über eine harmonische Schwingung und leuchtet hell. Die von ihr ausgehende Schwingung kann als natürliche, »gottgewollte« Schwingung bezeichnet werden. Eine kranke Zelle dagegen weist eine disharmonische Schwingung mit wenig Leuchtkraft auf. Jede kranke Zelle verfügt aber über eine mehr oder weniger gesunde Restschwingung - auch bei weit fortgeschrittener Krankheit. Die kranke Zelle ist in der Regel nicht in der Lage, ihre gesunde Frequenz weiterzugeben, da sie von der disharmonischen, kranken Schwingung überlagert wird. Es geht also bei der Unterstützung des Gesundungsprozesses darum, die in Resten vorhandene gesunde Schwingung der Zelle in Resonanz mit der harmonischen Schwingung der Klangschale zu bringen und dadurch zu stärken, bis der gesunde Anteil die disharmonische Schwingung überwiegt. Wenn die Zelle wieder harmonisch schwingt, kann im Organismus Heilung stattfinden.

Eine mit Achtsamkeit angeschlagene Klangschale besitzt eine große Auswahl an natürlichen Tönen und Obertönen, eine Grundschwingung und Oberschwingungen, was in der Schwebung des Klanges hörbar wird. Mit diesem Schwingungsangebot kann die gesunde Restschwingung der Zelle wieder in Resonanz kommen und dadurch Stärkung erfahren.

Ziel seiner Arbeit ist es, den Gesundungsprozess so weit zu unterstützen, dass die disharmonischen Schwingungen an Bedeutung verlieren. Auf diese Weise kann die Zelle wieder harmonisch schwingen und gesund werden. Die Chance einer Resonanz mit den heilsamen Klängen wird durch eine achtsame Zusammenarbeit zwischen Behandler und Klient gefördert.

Christine Vogel
ist als Ärztin, Gestalt- und Musiktherapeutin (BVM) in Berlin in eigener Praxis tätig. Sie hatte durch die Arbeit mit Gongs an sich selbst die enorme Wirkung von Schwingung und Resonanz erfahren und dann vor einigen Jahren zufällig die Klangmassage nach Peter Hess® kennengelernt. Seitdem nutzt sie zunehmend die Wirkung von Klangschalen und Gongs. Die bisherige, tiefenpsychologisch fundierte Arbeit tritt immer mehr zugunsten der Arbeit mit Klang und hypnotherapeutischen Methoden in den Hintergrund zurück.
Die Patienten, die zu ihr kommen, sind in der Regel chronisch krank, viele haben sowohl somatische als auch psychische Probleme, oft zusammenge-

fasst unter dem Begriff »Psychosomatische Erkrankungen«. Genau genommen gibt es aber keine Krankheit, die sich nicht sowohl auf körperlicher als auch auf seelischer Ebene abspielt.

Viele Mediziner stehen einer Behandlung mit Klang skeptisch gegenüber, meist aus Unkenntnis über deren Wirkungen und Möglichkeiten, so Christine Vogel.
Ein grundlegendes Wirkprinzip ist die ganzheitliche, physikalisch-emotional-energetische Wirkung der Phänomene Schwingung und Resonanz im Klang, die zur Entspannung angewendet werden kann, aber auch zur gezielten Behandlung, wie beispielsweise bei Schmerzen, Durchblutungsstörungen und anderen körperlichen Leiden.
Weitere Möglichkeiten der Arbeit mit Klang beschreibt die Medizinerin etwa durch die Kombination mit tiefenpsychologisch fundierter, erlebniszentrierter (Musik-) Therapie oder in Kombination mit hypnotherapeutischen Techniken (zum Beispiel Autogenes Training, Imaginationen, Vorsatzbildungen, Affirmationen, Fantasiereisen).

Die Kombination von passiver, regressiver Klangentspannung und aktiver, »erwachsener« Bewusstseinsarbeit wirkt synergistisch verstärkend im Sinne von erweiterter und vertiefter Wahrnehmung in Gelassenheit, verstärkter Durchlässigkeit zum Unbewussten und Verdrängten, zur Anregung von Fantasie, Vorstellungskraft und assoziativ-kreativen Denkprozessen und damit zur Aktivierung von Ressourcen, Anregung von Selbstheilungskräften, Problemlösungen und persönlichen Entwicklungsprozessen. Aus den in der Entspannung gewonnenen Erkenntnissen können individuelle Konditionierungen erarbeitet werden, die den Weg zur Heilung bahnen. Bewusstwerdung und Verstehen von Symptomen und von unter den Symptomen verborgenen Gefühlen und Gedankenmustern sind notwendig zur Lösung eingefahrener, pathogen wirksamer neuronaler Muster, damit neue, heilsamere Bahnungen verschaltet werden können.
Christine Vogel sagt, dass sie den Klang für das nutzt, was in der Therapie »Nachbeeltern« genannt wird - dem Patienten ein Stück weit Geborgenheit, ein Stück weit Urvertrauen zu geben, damit auf diesem Boden Mut und Kraft wachsen kann, er sich den eigenen Problemen stellen und neue Wege der

Problemlösung wagen kann. In ihrer Arbeit sucht sie zusammen mit dem Patienten nach Erfahrungen in dessen Lebenslauf, durch die bestimmte »Muster« geprägt, gebahnt worden sind, die jetzt Probleme verursachen. Von diesen prägenden Erfahrungen ausgehend, wird versucht, neue, heilsamere Verhaltens- und Erfahrungswege zu bahnen.

Neue Ergebnisse der Hirnforschung (zum Beispiel von Prof. Dr. Johann Caspar Ruegg, Prof. Dr. Gerald Hüther) liefern vielfältige Hinweise zur breiten Anwendbarkeit der oben genannten Vorgehensweise. Jede leibliche und seelische Erfahrung wird im ZNS (Zentralen Nervensystem) durch neuronale Verknüpfung gespeichert. Nach neuesten Erkenntnissen können tatsächlich durch die Macht der Gedanken und Konditionierung »krankmachende« Datenwege zum ZNS gelöscht werden. Dies entspricht der Wirkung des »Loslassens« im emotionalen Bereich. Auch die Vorstellungen der Traditionellen Chinesischen Medizin werden durch diese Forschungsergebnisse erklärbar.

In Ihrer Arbeit orientiert sich Christine Vogel schon lange an den Vorstellungen der Traditionellen Chinesischen Medizin von Gesundheit und Energiefluss. Demnach ist Gesundheit nur dann vorhanden, wenn Yin und Yang im Gleichgewicht stehen. Wie eben erwähnt, wird dieses Bild von Gesundheit und Krankheit heute von Seiten der Hirnforschung bestätigt: Unsere Gesundheit ist dann gegeben, wenn das gesamte komplexe Zusammenspiel von hormonellen Regelkreisläufen, Botenstoffen, Zentralem und Peripherem Nervensystem usw. in einem harmonischen Fließgleichgewicht ist. Wenn an irgendeiner Stelle dieser hoch komplexen Abläufe etwas ins Stocken gerät, sich ein Ungleichgewicht entwickelt, dann entsteht Krankheit. Mit vielen Medikamenten wird dieses Ungleichgewicht noch verstärkt, sichtbar unter anderem an deren Nebenwirkungen. So können mit Medikamenten oft nur Symptome unterdrückt werden, aber keine Heilung erfolgen. Jeder Mensch hat aber über notwendige medizinische Behandlung hinaus die Möglichkeit, für seine Gesundheit selber aktiv zu werden, das eigene System ganzheitlich zu harmonisieren und seine Selbstheilungskräfte zu stärken. Christine Vogel hat hier mit den Klängen, die für sie etwas Mütterliches haben (Urvertrauen, Geborgenheit, Loslassen, Fallenlassen können), sehr gute Erfahrungen gemacht, beispielsweise in der Arbeit mit Frauen, die unter einem unerfüllten

Kinderwunsch litten. Sie berichtet von zwei Frauen, die bereits alle medizinischen Möglichkeiten erfolglos ausgeschöpft hatten und wider Erwarten der behandelnden Gynäkologen schwanger wurden.

Für die weitere Entwicklung des Einsatzes von Klängen wünscht sie sich, dass immer mehr Mediziner deren besondere Qualitäten und Möglichkeiten erkennen.

Peter Schmidt
ist Heilpraktiker, Baubiologe, ausgebildet in Klangmassage nach Peter Hess®. Er arbeitet am Rande des Sauerlandes in der ländlichen Gemeinde Herscheid am Ebbegebirge. Naturheilkundliche Fachgebiete sind u.a. Mayr-Kuren und Anwendung von Blutegeln.
Er ist davon überzeugt, dass er Kranken nur die Anleitung zur Selbstheilung (»Apotheke im Kopf«) geben kann. Häufig führen negative Umwelteinflüsse zu Hause (Elektrosmog, Wasseradern, inhaltslose Lebensmittel etc.) zu Therapieblockaden und zur Schwächung des Immunsystems. Klangmassagen unterstützen den Umstimmungs- und Heilungsprozess und machen widerstandfähiger gegen solche Stressfaktoren. Dies gilt seiner Erfahrung nach auch für chronische Erkrankungen bei Menschen, die von der herkömmlichen Medizin bereits als austherapiert betrachtet werden.

Peter Schmidt berichtet aus seiner Praxis:

Ein 82-jähriger Mann wollte unbedingt eine Klangmassage. Es war etwas schwierig, am Krankenbett eine Klangmassage zu geben, zumal die Füße, an denen sich Ödeme befanden, gewickelt waren. »So ein Körper muss Stück für Stück neu in Schwingung gebracht werden«, erklärte der Heilpraktiker. Der Patient fand die Klangmassage wunderschön.

Ein 86-jähriger Mann, der nach vielen Operationen nun im Altenheim lebte, bekam von seinen Kindern eine Klangmassage geschenkt. Nach der Klangmassage sagte dieser Mann: »Warum habe ich das nicht schon vor fünfzig Jahren kennengelernt?« Er hatte zum ersten Mal seit sehr langer Zeit zu weinen begonnen und fragte traurig: »Warum konnte das meine verstorbene Frau nicht mehr kennenlernen? Schade, dass mein Leben jetzt vorbei ist!«

Diese Erfahrungen zeigen, dass mit der Klangmassage gerade im Bereich der Geriatrie viele Glücks- und Harmoniegefühle geweckt werden können.
Peter Schmidt berichtet von einem weiteren Patienten, einem 60-jährigen Mann, der nach einem Schlaganfall halbseitig gelähmt war. Alle möglichen Reha-Maßnahmen wurden angewandt, hatten aber nicht wesentlich gegriffen. Die Reha-Maßnahmen wurden abgeschlossen, da der Patient als austherapiert galt. Bei der ersten Klangmassage konnte der Mann die Beckenschale kaum ertragen, er wollte lieber die Herzschale. Nach etwa 20 Minuten sagte er plötzlich: »Bei mir kribbelt es!«. Seine »tote« Körperseite fing plötzlich an zu kribbeln, wurde durchblutet. Nach etwa vier Klangmassage-Sitzungen trat ein Wärmegefühl ein, das über Stunden anhielt - ein Riesenerfolg, denn es ist schwer, wieder Leben in eine gelähmte Körperseite zu bringen. Der Patient berichtete später, dass die daraufhin erfolgten neuen Rehabilitations-Maßnahmen deutlich erfolgreicher waren, da der Körper durch die Klangmassagen so gut vorbereitet war.

Gesundes Gewebe, gesunde Zellen werden mit der Klangmassage wieder zum Leben erweckt, so Schmidt. Das Psychologische spielt hier sicher auch eine wichtige Rolle, die Apotheke mit Medikamenten ist das Eine, das Andere ist die »Apotheke im Kopf«, und Peter Schmidt ist überzeugt, dass wir mit den Klängen die »Apotheke im Kopf« unserer Patienten aktivieren können.

Ein anderer Patient, 56 Jahre alt, litt seit vielen Jahren unter einem »eingeklemmten« Magen, was Verdauungsbeschwerden, starkes Sodbrennen, nach dem Essen das Gefühl eines Knotens, der in der Brust sitzt und alles zuschnürt, verursachte. Die Lebensqualität des Patienten war stark eingeschränkt. Er kam in die Praxis und nach einer etwa halbstündigen Klangmassage mit einer Herzschale löste sich dieses Knoten-Gefühl auf, und das Sodbrennen ließ nach.
In Fällen von Oberbauchbeschwerden, wie bei dem eben geschilderten Fall, ist die Beckenschale oft zu schwer und verursacht zu viel Druck, erklärt der Heilpraktiker. Im Laufe der weiteren Behandlungen haben sich die Erfolge bei diesem Patienten immer deutlicher gezeigt.

Weitere positive Erfahrungen konnte Peter Schmidt schon vielfach in Altenheimen, mit Snoezelen beispielsweise auf einem Wasserbett, sowie in

»stillen« Räumen mit Schwerstkranken oder Komapatienten, die sich kaum noch ausdrücken konnten, sammeln.

Ein amüsantes Beispiel zum Abschluss von einem älteren Ehepaar (beide weit über 70 Jahre alt), das wegen nicht mehr vorhandener Sexualität zu ihm in Behandlung kam, rundete den Beitrag von Peter Schmidt ab. Nach drei Klangmassagen erhielt der Heilpraktiker folgende Rückmeldung: »Es klappt jetzt wieder!«
»Wer braucht da noch wissenschaftliche Beweise zur Wirkung der Klangmassage?«, schließt Peter Schmidt lachend.

DIE KLANGMASSAGE NACH PETER HESS® - BASISWORKSHOP

Peter Hess

Der Basisworkshop Klangmassage mit mehr als 120 Teilnehmern war für diejenigen gedacht, die die Methode, die Wirkung und die Einsatzbereiche der Klangmassage in zweieinhalb Stunden kennenlernen wollten. Eigene Erfahrungen in der Klangmassage konnten in einem anschließenden Praxisworkshop gemacht werden.

Inhalte des Basisworkshops:

- Klang-Erfahrungen von Peter Hess in Nepal, Tibet und Indien als Grundlage für die Methode der Klangmassage
- Was sind die Wirkungsmechanismen der Klangmassage
- Zeigen der Basisklangmassage
- Fragen zu Methode und Wirkung der Klangmassage
- Einsatzbereiche der Klangmassage

Der Klangmassage liegen uralte Erkenntnisse über die Wirkung von Klängen zugrunde, die schon vor über 5.000 Jahren in der indischen Heilkunst Anwendung fanden. In der östlichen Vorstellung ist der Mensch aus Klang entstanden, ist also Klang. Nur der mit sich und seiner Umwelt in Ein-Klang lebende Mensch ist demnach in der Lage, sein Leben frei und kreativ zu gestalten.
Tagtäglich erfahrener Stress bedroht die Harmonie der Menschen mit sich selbst und mit ihrer Umwelt. Hier setzt die Klangmassage nach Peter Hess® als eine sehr wirksame Entspannungsmethode an: In der Klang-Entspannung lösen sich die angesammelten Sorgen, Unsicherheiten und Blockaden. Dieses Loslassen ist eine gute Basis für die Neubelebung und Stärkung der Selbstheilungskräfte.

Die Klangmassage nach Peter Hess® zeichnet sich vor allem durch folgende Wirkungsweisen aus:

- Schnelles Erreichen tiefer Entspannung, da Klang das ursprüngliche Vertrauen der Menschen anspricht

- Sanfte Massage und Harmonisierung jeder einzelnen Körperzelle durch Klänge
- Positive Beeinflussung von Selbstbewusstsein, Kreativität und Schaffenskraft
- Ganzheitliches Einwirken auf Körper, Seele und Geist

Die zahlreichen Erfahrungen bestätigen immer wieder, dass die Klangmassage von den meisten Klienten sofort akzeptiert wird, da der angenehme obertonreiche Klang Vertrauen schafft. Dieser Klang ist für den Menschen deshalb so angenehm, weil er an sphärische, kosmische Klänge erinnert, die nach östlicher Philosophie der Ursprung unserer Existenz sind. Hier fühlen wir uns zu Hause, geborgen und in Sicherheit. Deshalb führen die Klänge zur Entspannung, in den Alpha-Zustand, in dem wir bereit sind loszulassen.

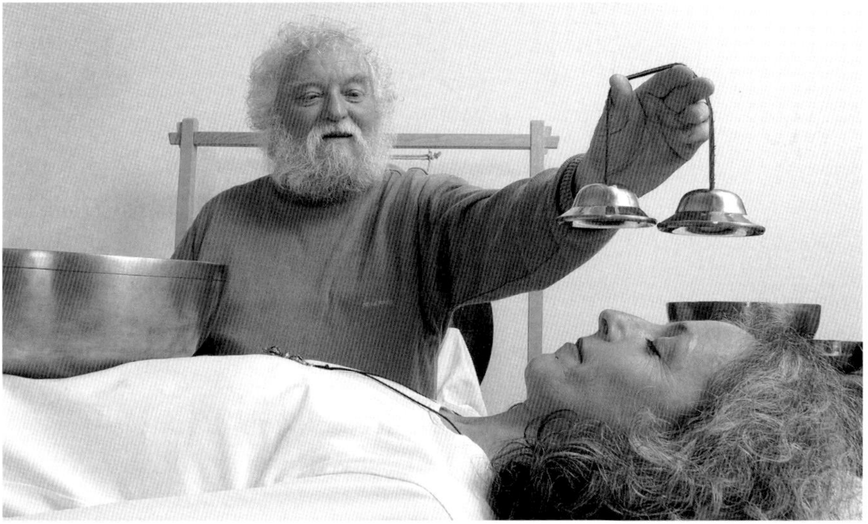

Peter Hess bei einer Klangmassage

Bei der Klangmassage werden die Klangschalen auf den bekleideten Körper aufgestellt und sanft angeschlagen. Bei der Basisklangmassage wird mit drei Klangschalen gearbeitet. Die Gelenkschale bietet ein breites Klangspektrum für die Füße und deren Reflexzonen, für die Gelenke und den gesamten Körper. Die Beckenschale bietet ein umfangreiches Klangangebot für den unteren Körperbereich und die Herzschale für den oberen Körperbereich. Die von Peter Hess entwickelte Basisklangmassage bietet einen sicheren Rahmen für die praktische Anwendung. Die Basisklangmassage wird in der Ausbildung durch eine Vielzahl weiterer Klangelemente erweitert. Nach dem eigenen Erfahren und Üben der vielfältigen praktischen Einzelelemente, die zur Basisklangmassage hinzukommen, geht es um die Gestaltung eines gezielten Klangangebotes, das individuell auf die Bedürfnisse des Klienten eingeht. Erst wenn die Basisklangmassage sicher beherrscht wird, ist eine klientenorientierte Klangmassage möglich.

Der Ablauf einer Basisklangmassage ist zunächst bei jedem Klienten gleich, außer es sprechen körperliche oder andere Probleme dagegen. Die Basisklangmassage beginnt an den Füßen des Klienten, während dieser auf dem Bauch liegt. Über die Reflexzonen der Füße wird der gesamte Körper erreicht. Der Körper wird langsam auf die Klangmassage vorbereitet. In einer genauen Abfolge wird die Rückseite mit zwei weiteren Klangschalen, einer Becken- und einer Herzschale, behandelt. Der Klient kann die Veränderung, die durch die Klangmassage in seinem Rückenbereich erzielt wurden, wahrnehmen.

Danach dreht sich der Klient auf den Rücken. Nun werden auch die Körpervorderseite und die Extremitäten in die Klangmassage einbezogen. Im abschließenden Gespräch teilt der Klient seine Wahrnehmungen mit, was er gespürt und was sich verändert hat. Diese Erfahrungen bilden die Grundlage für die nächste Klangmassage, die gezielt auf die Bedürfnisse des Klienten antwortet.

Die sanfte Massage des Körpers durch die Klänge wird als sehr angenehm empfunden. Die durch den Körper fließenden Vibrationen der Klänge lassen den Klienten seine wirkliche Körpersituation wahrnehmen. Häufig sind uns nur die Körperzonen bewusst, die Schmerzen bereiten. In der Klangmassage erfahren wir auf wunderbare Weise auch das Wohlfühlen im Körper. Aus der Bewusstseinsebene des Alpha-Zustandes, der tiefen Entspannung, die wir mit Hilfe der Klänge schnell und leicht erreichen, ist es uns möglich, unsere Situation neutral zu betrachten. Wir können unsere Situation aus einer Sichtweise beleuchten, die uns hilft, den momentanen Zustand aus einiger Distanz wahrzunehmen, statt ihn aus einer Opferhaltung zu beklagen. Gleichzeitig erfährt der Klient während einer Klangmassage, dass sich mit jeder durch den Körper strömenden Klangwelle die Probleme mehr und mehr lösen. Das gibt Vertrauen.

Das Unterbewusstsein beginnt mit dem interessierten Betrachten der Problembereiche, registriert zugleich die sanften Lösungsvorgänge und erfährt darin Sicherheit. Dies ist ein entscheidender Wirkungsmechanismus der Klangmassage.

Die Problemlösung entwickelt sich im Gegensatz zu den meisten anderen Therapien gleichzeitig auf der körperlichen, der feinstofflichen und der seelischen Ebene. Bei der Basisklangmassage setzen wir bewusst an der körperlichen, materiellen Situation an. Diese Vorgehensweise kommt dem westlichen Bewusstsein entgegen.

Die sanfte Wirkungsweise macht die Klangmassage zu einer äußerst effektiven Methode, die von Fachkräften in Pädagogik, Heilkunde, Pflege und Therapie sowie Wellness und Kosmetik erfolgreich eingesetzt wird.

Die Entwicklung der Klangmassage begann 1984. Seit Anfang der 90er Jahre bietet das Institut für Klang-Massage-Therapie seine Seminare zur Aus- und Weiterbildung in der Klangmassage nach Peter Hess® an. In einem sicheren und angenehmen Rahmen haben die Teilnehmerinnen und Teilnehmer Gelegenheit, die von Peter Hess entwickelte Klangarbeit kennenzulernen und Gelerntes zu erweitern oder zu vertiefen. Die langjährigen Mitarbeiter/innen von Peter Hess begleiten die Teilnehmerinnen und Teilnehmer bei jedem Lernschritt mit qualifizierten Informationen, Anleitungen und Anregungen.

Die insgesamt neuntägige Grundausbildung in der Klangmassage wird in zwei unterschiedlichen Strukturen angeboten: So können zum einen die Seminare Klangmassage I, II sowie III+IV einzeln gebucht werden. Hierbei besteht die Auswahlmöglichkeit hinsichtlich der Region sowie der Zeitpunkte. Die Alternative ist eine siebentägige Intensivausbildung, an die sich noch ein Supervisionswochenende anschließt. Diese Seminare finden in der Regel in der Rhön-Akademie bei Fulda statt.

Termine, Orte und Preise der Ausbildungsseminare nach Peter Hess® können Sie der aktuellen Aus- und Weiterbildungsbroschüre entnehmen, die Ihnen das Institut für Klang-Massage-Therapie nach Aufforderung gerne zuschickt. Weitere Informationen finden Sie unter: www.klang-massage-therapie.de

Klang und Klangmassage in Wellness / Selfness und Persönlichkeitsentwicklung

WELLNESS MIT KLANGMASSAGE

Doris Regensburger

Der Begriff »Wellness« stammt aus Nordamerika. Er steht für eine praxisorientierte Lebensphilosophie, deren Ziel das größtmögliche körperliche und geistig/seelische Wohlbefinden des Einzelnen ist.

Die wichtigsten Ziele von Wellness sind:

- Körperliches Fitsein
- Geistige Beweglichkeit
- Seelische Belastbarkeit
- Positive Arbeitseinstellung
- Harmonisches Privatleben
- Einklang mit der Umwelt

Mit Hilfe von Farben, Düften und der Klangmassage können die oben angeführten Ziele effektiv erreicht werden.

Farben, Düfte und Klangmassage helfen uns, den Gefühlen freien Lauf zu lassen und uns selbst auszudrücken. Sie können uns beruhigen oder anregen, können uns entspannen oder motivieren, können angenehme Stimmungen verstärken oder dabei helfen, unangenehme Stimmungen abzubauen.

Im Workshop gab es die Gelegenheit, mit diesen Elementen die Grundidee kennenzulernen und eine Ahnung davon zu bekommen, wie durch die Stimulation unserer Sinnesorgane die Harmonie und Ausgeglichenheit in uns wiederhergestellt beziehungsweise unser Wohlbefinden gefördert und die Immunkräfte gestärkt werden können.

Vor allem mit der Klangmassage haben wir eine wertvolle Möglichkeit an die Hand bekommen, die den Menschen hilft, in kurzer Zeit in einen sehr entspannten Zustand zu kommen; mit dem Klang der Klangschalen zu sich zu finden, Belastendes fallen zu lassen, Vertrauen zu gewinnen und stark zu werden.

Workshopinhalte:
Die Sinnesorgane, unsere Tore zur Welt, spielen für unsere Befindlichkeit eine wichtige Rolle. Mit ihnen erfassen wir alles Neue, Angenehme und Unangenehme, erkunden das Ungewohnte, erfahren wir das Leben.

Das Wechselspiel von Sinneseindrücken, Empfindungen und Gefühlen wirkt direkt auf unser Befinden. Gönnen wir den Sinnesorganen Erholung und Entspannung, fühlen wir uns frischer, werden wir offener und neugieriger.

KLANG – Wahrnehmung und Wirkung von Klangschalen und Gongs
Der Hörsinn zählt neben dem Tastsinn zu den am frühesten ausgebildeten Sinnen. Das Hören übernimmt schon im Mutterleib die Funktion der Orientierung und der Wahrnehmung. Das Ungeborene lernt die Menschen in seiner Nähe und seiner Umgebung über das Hören kennen. Das Neugeborene erkennt seine Mutter am Klang der Stimme. So müsste es eigentlich nicht heißen: »Das Kind erblickt das Licht der Welt«, sondern: »Das Kind vernimmt den Klang der Welt«. Mit zunehmender Entwicklung gewinnt der Sehsinn an Bedeutung und wir scheinen zu vergessen, dass jeder Mensch und alles Leben in der Natur seinen eigenen, individuellen Klang hat.

Klangbilder bieten Möglichkeiten, uns zu erinnern: An die eigene Vielzahl von Klängen in uns, an die harmonischen Gesetze des Lebens, an den Einklang. So einfach und reduziert dieses Prinzip der Harmonie auch klingen mag, umso diffiziler und verworrener sind die Auswirkungen, wenn es zu wenig beachtet oder in den Hintergrund gestellt wird. Schmerzen, Blockaden, Angst, Depression, Probleme in der Kommunikation und Sprache, motorische Störungen - fast endlos lässt sich diese Aufzählung erweitern.

So beginnt die Suche nach dem Klang des Lebens, die Suche nach dem Unbekannten, das uns dennoch vertraut ist.

Wenn bei einem Menschen Disharmonien im Körper, aber auch im Seelischen oder Geistigen auftreten, gibt es die Möglichkeit, durch Klänge ein Erinnern zu bewirken. Schon das Wort »Erinnern« besagt, dass es sich hier um einen Prozess des inneren Hörens handelt. In den Veden steht, dass der innere Klang nur durch den äußeren Klang offenbar wird. Wenn wir zu den Klängen um uns in disharmonischem Verhältnis stehen, dann kann es also auch in unserem Inneren nur schwerlich Harmonie geben.

Hat nun dieses »Erinnern« stattgefunden, und die Harmonie in Körper, Geist und Seele ist wiederhergestellt, dann führt dies dazu - und dieser Prozess kann schon während des Erinnerns beginnen - dass man wieder Vertrauen erlangt. Vertrauen in sich selbst, in die innere Sprache unserer Seele und unseres Körpers. Man wird Abstand von disharmonischen Klängen nehmen und von Situationen, die uns in Disharmonie bringen, um so eine neue, bessere Basis für harmonisches Leben zu schaffen. Wenn wir im harmonischen Einklang stehen, haben wir Zugang zu allen Informationen, allen Schwingungsebenen und sind als souveräner »Klangkörper« integriert in den Klang des Lebens.

Wir kamen vom Hören und gingen zum Sehen. Das Sehen lehrt uns teilen, das Hören verbindet uns mit den Anderen, mit der Natur, aber auch mit unserem innersten Wesenskern und lehrt uns zusammenführen.

FARBEN - Chakrenfarben

Genau wie Hören ist Sehen ein Empfangen, wir brauchen uns nicht anzustrengen. Um das Wesen einer Farbe aufzunehmen, brauchen wir sie in all ihren verschiedenen Varianten nur in der Natur zu suchen. Theoretisches Wissen ist dazu nicht nötig. Wollen wir ihr Wesen mit dem Verstand begreifen, führt uns dies zu zwei Polen:

- Wahrnehmung
- Wirkung

Farben wirken auf vielfältige Weise. Farben sind Schwingungen (Frequenzen), die von unserem Organismus aufgenommen werden und sowohl auf den Körper als auch auf die Psyche wirken. Sie haben somit einen großen Einfluss auf unser Wohlbefinden und unser Lebensgefühl.
Farben ziehen die Aufmerksamkeit auf sich. Sie lösen beim Betrachter Gefühle und Assoziationen aus und können zu unbewussten Reaktionen führen. Diese

Wirkungen entstehen aus Erfahrungen, die verinnerlicht wurden - Erfahrungen, die nicht unbedingt persönlicher Art sein müssen, sondern die auch aufgrund jahrhundertealter Überlieferungen innerhalb eines Kulturkreises lebendig sind.

Bei der Farbtherapie versucht man, die Kräfte der Farben vorbeugend oder heilend einzusetzen.

Düfte - Räucherungen

Evolutionsgeschichtlich ist das Riechen einer der ältesten Sinne des Menschen, durch den wir lebenswichtige Informationen erhalten - das Riechen ist ein Warn-Sinn. Der Geruchssinn ist sehr komplex, außerordentlich spezifisch und sensitiv.

Bei allen Völkern dieser Erde entwickelten sich komplexe Lehren um die Wirkung, Anwendung und Zubereitung von pflanzlichen Salben und Essenzen, Heilkräutern und Räucherwerk für alle Bereiche des menschlichen Lebens. Düfte wurden als Mittel zur Heilung und Vorbeugung von Krankheiten, zur Unterstützung von Meditation und Gebet sowie als psychische Stimulans eingesetzt. Dies gehört zu den ältesten Heilanwendungen der Menschen. Es ist dabei entscheidend, welcher Duft verwendet wird.
Vor allem in den Anfängen der Kulturen wurden Wohlgerüche durch Verbrennen entsprechender Pflanzenteile verbreitet, Räume, Menschen und Kleider mit dem Duft parfümiert, noch lange bevor es ätherische Öle oder Parfüms gab.

Ganz selbstverständlich nehmen wir Obst, Gemüse und Kräuter zu uns, für mehr Kraft und Vitalität. Wir trinken Tees und nutzen Heilkräuter zu unserer Gesundheitsförderung, und auf unsere Gefühle wirken die Farben und Formen der Pflanzen in der Natur und in unserem Zuhause. Mehr als je zuvor dürfen wir auf ein harmonisches Gleichgewicht zwischen Körper, Gefühl und Geist durch eine ausgewogene, natürliche Energieversorgung achten. Durch das Räuchern werden die Pflanzenwirkstoffe auf ganzheitliche Weise für den Menschen nutzbar gemacht, denn Räucherwerk kann jeder »begreifen«, erfühlen und verstehen.

Als Methode zur Entspannung und Gesunderhaltung ist die Klangmassage nach Peter Hess® zur Anwendung im Wellness und Kosmetikbereich ideal geeignet und lässt sich hervorragend kombinieren in der Arbeit mit Düften und Farben. Innere Gelassenheit, Selbstbewusstheit und Gesundheit bestimmen im Wesentlichen die Ausstrahlung eines Menschen. Die Klangmassage bewirkt Wohlbefinden und Schönheit, die von innen kommt.

Foto von Jasmin Huber, aufgenommen im Wellness-Spa-Resort »*...liebes Rot-Flüh*«, Haldensee/Grän, Österreich

HÖRE, SO LEBT DEINE SEELE - VITALITÄT UND HEILKRAFT FÖRDERN DURCH ATEM UND TÖNEN

Jadranka Marijan-Berendt

Die Atem- und Klangarbeit hilft, tiefe Entspannung zu erreichen,
Selbstheilungskräfte zu stärken,
Intuition und Kreativität zu fördern,
Stress abzubauen und
Freude am Leben zu gewinnen.

Wenn wir uns hierauf einlassen wollen, wenn wir aufgefordert sind, auf die innere Stimme zu hören und der inneren Weisheit zu folgen, dann sind wir gleichzeitig aufgefordert, den ATEM wahrzunehmen.

Über die Empfindung des Körpers nehmen wir die Qualität des Atems wahr, seine Tiefe, seine Heilkraft. Der Atem ist der Träger des Lebens.
Wir Menschen haben eine angeborene Eigenschaft: Die Sehnsucht nach der Stille. Diese Stille finden wir in der Natur, an den Kraftorten dieser Erde - im Wald, auf der Wiese, am Meer, auf den Bergen, in der Wüste, aber auch in den Klöstern und Kirchen.

Warum die Stille?
Sie ist die Heimat der Seele und des Herzens. In ihr gehen unsere inneren Sinne auf, in ihr singt der Atem sein ewiges Lied: Ich BIN - So Ham.

Der Atem bewegt uns bis in jede Zelle hinein. Ich lausche auf ihn, wie er kommt, wie er geht, und wie er wieder von selbst kommt und nehme mich dabei wahr. Dieses Lauschen auf den Atem ist das Lauschen auf das Innerste in mir. Auf diese Weise öffnet sich ein Zugang nicht nur zu unserem Körper, sondern zum Geist und der Seele. Die Tiefe wird erreicht, wenn ich die Qualität - ich lausche auf meinen Atem - erfahre: Ich bin dieses Lauschen; ich bin dieser Atem; ich bin dieses Geschehen; ich bin Sein. Ich BIN.

Eng mit dem Atem verbunden ist das Gebet! Das Tönen, Singen, Sprechen und die Bewegung. Alle Töne, die wir produzieren und hören, sind Schwingungen bestimmter Frequenzen.

Letztlich besteht das gesamte Universum aus Schwingungen (Nada Brahma - die Welt ist Klang), denn jeder Körper, jede Materie ist, wie die Physik darlegt, nichts anderes als verdichtete Energie und Energie ist Schwingung.

Das deutsche Wort »Atem« kommt aus dem Sanskrit: »Atman« - ein Hauptbegriff der brahmanischen Lehre vom Wesen des Menschen. Es bezeichnet das Selbst, das wesensgleich ist mit der Weltseele, dem Brahma, benannt nach dem Gott Brahman, dem Weltenschöpfer, der atmend das Universum schuf.
Also leitete die deutsche Sprache das Wort »Atem« vom göttlichen Selbst des Menschen her. Ähnlich ist es in anderen Sprachen.

Aus den sinnlichen Begriffen des Wehens, Hauchens, Blasens entsteht der göttliche Atem, durch den dem Menschen die Seele eingeblasen wurde. Auch in der Schöpfungsgeschichte der Bibel ist die Vorstellung von Geist und Seele mit dem Atem verbunden. Ich benütze gerne Martin Luthers Wort »Odem«, vor allem dann, wenn es mir auf den Bezug zum Göttlichen Atem ankommt.

Überall ist also die Nähe von Atem, Geist, Seele, Gott.
Jeder Atemzug verbindet uns mit dem schwingenden Universum, dem ewigen Sein, mit dem Einatem nehmen wir es auf, mit dem Ausatem geben wir das, was inzwischen »unser« geworden ist, zurück an das Sein.

Der Atem kommt,
der Atem geht,
und ich warte bis er wieder von selbst kommt.

Die Erfahrungsreise fängt damit an, dass ich sehr bald wahrnehme, dass der Atem ja auch Bewegung ist. Im Einatem weiten sich die Körperwände, im Ausatem schwingen sie wieder zurück. Diese Atembewegungen machen den Körper, machen mich allmählich durchlässig.

Wir arbeiten mit verschiedenen Körperübungen, die das Empfindungsbewusstsein schulen. Sie bringen den unteren, mittleren, oberen, inneren und äußeren Atemraum ins Bewusstsein.

Wir erfahren ihre unterschiedlichen Qualitäten, die uns im Alltag zur Verfügung stehen. Es sind Übungen, die die Dehnbarkeit des Körpers unterstützen, die die Verwurzelung in der Erde ins Bewusstsein bringen, unsere Kraft und Vitalität und die Selbstheilungskräfte ins Fließen bringen, Klarheit und Unterscheidungsvermögen stärken.
All diese Bereiche sind eine Einheit, die der Atem verbindet. Durch den erfahrbaren Atem wird spürbar, wie durchlässig ich bin für das, was sich durch mich ausdrücken möchte - physisch, emotional, mental und spirituell.
Mit dieser Atemschulung kann ich wahrnehmen, wo der Atem hindurchschwingt und welche Körperbereiche noch etwas träge sind. Diese Bereiche können wir beleben, um die Lebendigkeit des Atemflusses zu erfahren. Die Hingabe an den Atem ist eine Seelenqualität, die noch mehr Gelassenheit fördert, bewusstes Da-Sein schafft, mir Freude und Kreativität schenkt. Achtsam nehme ich dies wahr.

Wir haben an beiden Tagen auf dem 3. Klang-Kongress viele verschiedene Erfahrungen gemacht. Eine schöne Erfahrung war, wie wir uns stimmen können, um selbst wie eine Klangschale zu schwingen. Es waren all die Schritte über die Stimme hör- und über die Körperhaltung sichtbar.

Übungen
Um erfahrbar zu machen, wie der Atem auf all unsere Gedanken, Erinnerungen, Begegnungen reagiert, haben wir eine Alltagssituation kreiert:
Wir stehen an diesem Sonntagmorgen, circa 70 Menschen, alle dicht zusammen gedrängt, wie eine Traube in einem imaginären Bus.
Ich bitte die Teilnehmer, sich wahrzunehmen in dieser zuerst etwas unangenehmen Situation. Körperlich sind sie von allen Seiten eingeengt.

Wie reagiert der Atem?
Die Antworten kommen gleich: Eng, er geht nach oben zum Hals hin, der Atem wird angehalten, Verspannung ist da. Hinzu kommen verschiedene Gerüche von so vielen Menschen, die auch den Atem zuerst sehr beeinträchtigen und noch mehr zum Stocken bringen. Viele in der Gruppe haben die Augen geschlossen, um nach innen zu spüren, aber auch, um die so nahe stehenden Menschen nicht anzuschauen.

Meine nächste Bitte ist:
Nimm diese ganze Situation, in der du dich befindest, so an, wie sie ist. Du kannst sie im Moment nicht verändern. Und nun treffe für dich innerlich eine klare Entscheidung: Da ich im Moment nichts ändern kann, akzeptiere ich die Situation, so wie sie ist, bewusst, voll und ganz.

Was geschieht in euch?
Antworten: »Ich fühle mich nicht mehr so eingeengt, der Atem ist tiefer, freier, ich kann besser durchatmen.«

Bitte die Augen öffnen, schaut Euch an - was passiert dabei?
Antworten: »Ich kann ohne Scheu die anderen vor mir stehenden Menschen anschauen, es entsteht ein Lächeln, ich fühle mich geborgen und warm in dieser Menschentraube, ich kann mich einlassen auf das, was ist.«

Die Akzeptanz einer bis dahin unangenehmen, atemstockenden Situation verändert vollkommen alles, von Grund auf. Doch immer als erstes reagiert, blitzschnell, der Atem: Am Anfang hat er mit Enge reagiert, jetzt, durch die Akzeptanz der Situation, mit Gelassenheit, Wärme und Lächeln.
Wenn der Atem tiefer wird, kommen das Becken, die Beine und die Füße ins Bewusstsein. Das gibt einen guten Stand. Die Kraft des unteren Raumes ist vorhanden. Mit ihr kommt das Vertrauen: So wie es im Moment ist, ist es gut. Der Atem kann fließen.

Im fließenden Atem zeigt sich die Freude, und die nonverbale Kommunikation ist da. Sie äußert sich im Lächeln, über den wachen Blick, in der inneren Weite und der Wohligkeit der Teilnehmer/innen.

Es ist also erfahrbar, dass eine äußerlich unveränderte Situation durch die eigene innere Entscheidung, sie so zu akzeptieren, wie sie ist, über den Atem erfahrbar, eine vollkommen neue Qualität erschafft.

Ich biete jetzt an, ein »M« zu summen
Die Vokale und Konsonanten sind mit verschiedenen Körperbereichen verbunden. Wenn wir sie tönen, singen, sprechen, üben sie eine lösende und die Selbstheilungskräfte stimulierende Funktion aus. Sie bringen den ganzen Körper mehr oder weniger zum Mitklingen. Ich weiß, dass dieser Laut »M« die

Körperwände sehr stark ins Schwingen bringt. Aber ich bin neugierig, wie die Menschen diesen Laut jetzt empfinden.

Es ist eine Gänsehaut-Erfahrung: 70 Menschen, so dicht aneinander gedrängt, tönen das »M«. Es vibrieren nicht nur diese Menschen, sondern auch die um uns herum stehenden Gongs und der Boden unter uns. Ein acht Monate altes Baby auf den Armen seiner Mutter ist noch strahlender, seeliger, als es ohnehin vorher schon war.

Ich leite dieses Tönen in ein Kanonsingen ein: OOOM - AAMEN.
Dieses Singen wird wie ein Gebet. Mein Blick fällt auf eine Frau, die mir, vor dieser Runde, nach einer anderen Übung weinend erzählt hatte, dass sie frisch aus dem Krankenhaus gekommen ist und unbedingt zu diesem Kongress musste. Sie hatte eine Brustoperation. Ich bitte sie, sich in die Mitte unserer Gruppe zu stellen. Sie folgt meiner Einladung, singt mit, und ihre Augen drükken ihre Bewegtheit, ihr Berührtsein und ihre Freude aus.

Jadranka Marijan-Bernedt
Fotos: J. Kietzer

Teilnehmer bei einer Übung

Was fand in diesen drei Stunden des Workshops statt?
Eine dicht gedrängte Menschengruppe, in einem imaginärem Bus, erfährt sich über verschiedene Atem- und Körperübungen und Tönen verschiedener Laute, über die Klänge der Klangschalen und der Gongs und mündet in diesem Schlussbild: OM und AMEN singend, in der Mitte eine mit Freude erfüllte Frau,

die ich als den Kern dieser lebendigen, gesunden, schwingenden menschlichen Zelle empfinde. Neben mir das engelhafte Baby in den Armen seiner lächelnden Mutter. Was für eine Transformation! - Was für ein Geschenk!

Oder sind wir eher eine überdimensionale klingend-schwingende Klangschale, ein lebendes, lebendiges menschliches Instrument!?

Wir lassen das Lied ausschwingen, lauschen auf den Atem, der weiter in unseren Zellen dieses Lied singt, bis die Stille sich ausbreitet, die so lebendig ist, dass ich sie fast höre, und nun spüre ich und weiß: Jetzt singt der Atem in uns allen sein ewiges Lied: ICH - BIN - So Ham.

So ist es erfahrbar: Das Leben ist Rhythmus, ist Schwingung, ist Atem. Jeder Mensch hat zwei »Urrhythmen« - Puls und Atem. Ihr Verhältnis steht, intervallmäßig ausgedrückt, in der Doppeloktave. Die Oktave ist »ein Streben nach Oben, eine Aufwärtsbewegung in die Transzendenz, zum Göttlichen hin« (Herrmann Pfrogner).

Musik im Innen und Außen: Wir »baden« ständig in ihr.
In der Außenwelt: Rauschen des Meeres, Wind in den Blättern, Vogelgesang, sicher auch Lärm.
In der Innenwelt: Die »musica humana« (H. Pfrogner), die unzählige Lebensregungen pochen, schlagen, fließen lässt, gewiss auch den Lärm der Gedanken, der sich ins Seelische drängt.
Der Körper also als Instrument, der göttliche Atem als Spieler.

Der 3. Klang-Kongress in Dortmund war für mich, nun zum wiederholten Mal, eine wunderbare Erfahrung und ich bin dankbar, mit so vielen Menschen meine Atem-, Hör- und Klangarbeit zu teilen. Danke meiner Atemlehrerin, Prof. Ilse Middendorf, und meinem Mann Joachim-Ernst Berendt, die mich die Grundlagen dieser Arbeit gelehrt haben.
Danke den Initiatoren und allen Mitwirkenden, die geholfen haben, dass dieser Kongress so erfolgreich verlaufen konnte.

OBERTONGESANG – HEILENDE KLÄNGE – LIEDER UND TÄNZE DES HERZENS

Christian Bollmann

In meiner nunmehr zwanzigjährigen Arbeit mit meditativer Musik hat sich besonders in den letzten Jahren der heilende Aspekt dieser ART immer mehr ins Bewusstsein gebracht.
Der bewusste, spielerische und musikalische Umgang mit Atem, Stimme, Bewegung, die Wahrnehmung und verfeinernde Erfahrung mit gesungenen und gespielten Obertönen in inneren und äußeren Klangräumen, harmonisiert unser ganzes organisches und feinstoffliches System sowie unsere Gedanken. Indem wir bestimmte Vokalräume und damit Obertonfelder zum Klingen bringen, können wir gezielt auf unsere Energiezentren (Chakren) Einfluss nehmen und somit den Strom der Energien im Körper lenken, beeinflussen und ausgleichen.

Was sind Obertöne?
Stellen Sie sich vor, dass jeder natürliche Ton aus einem Grundton und einer darüber aufsteigenden Reihe von Obertönen besteht. Diese Obertöne als Bestandteil des Klanges bestimmen in ihrer Zusammensetzung die Klangfarbe und signalisieren uns, ob dieser Ton von einer Geige, einer Trompete oder einer Kreissäge, von dieser oder jener Stimme kommt.

Sogar die Sprache besteht aus einer ständigen Modulation dieser inneren Struktur des Tones, den Obertönen. Wir hören die Bedeutung, den semantischen Teil des Klanges, aber nicht die Struktur, den Code, die Obertöne. Nun ist es aber dennoch möglich, durch Fixierung des Grundtones und durch Entschleunigung der Sprachmodulation, die Obertöne quasi mikroskopisch selbst heraus zu hören, ihnen Resonanz zu geben und sie damit auch für andere hörbar zu machen.

Es ist eine Sache des Erspürens, des Erhorchens und des Raumgebens, einem Klang, einem Ereignis die rechte Resonanz zu geben. Dann wird eine Klangwelt hörbar, die ganz fein ist und fast überirdisch klingt, die uns an die Harmonie der Sphären erinnert und sicherlich auch damit zu tun hat.

Obertongesang beinhaltet verschiedene Formen und Techniken des Musizierens mit der Stimme, deren Fokus darauf gerichtet ist, das Innenleben des Tones - eben die Obertöne - hörbar zu machen. Die innere Gesetzmäßigkeit von Klang oder Schwingung allgemein wird offen-hör-bar, offenbar.

Pythagoras hat die Obertonreihe mit ihren Gesetzmäßigkeiten am Monochord erforscht, ihre Proportionen in Form, Zahl und Klang immer wieder als Basis seiner Forschungen und Erkenntnisse zitiert und seine Schüler darauf hingewiesen, immer wieder zum Ursprung Klang zurückzukehren.

Im Erlebnis des Klanges der eigenen Stimme, getragen und unterstützt vom Klang der Gruppe, berichteten die Teilnehmer des Workshops vom tiefen Berührtsein und der zentrierenden, aber auch transformierenden und heilenden Kraft des meditativen Singens mit Obertönen.

Führen wir uns vor Augen, wie der Strich eines Geigenbogens über eine mit Sand bestreute Metallplatte den Sand zu wundervollen harmonischen Mustern oder Mandalabildern formt, oder wie über eine Klangmembran Schwingungen auf Wasser übertragen werden, und somit das Wasser in harmonische Bewegungen versetzt wird und wunderbare Formen auf dessen Oberfläche entstehen. Unser Körper besteht - übrigens ähnlich wie die Erde - zu circa 70 Prozent aus Wasser, und wir hören nicht allein durch die Ohren. Wenn wir uns also vorstellen können, dass unser gesamter Flüssigkeitskörper, der ja unmittelbar mit dem Nervensystem verbunden ist, die harmonischen Schwingungen obertonreicher Klänge aufnimmt und sich ähnliche Bilder auf unserem Flüssigkeitskörper abbilden, so können wir uns auch vorstellen, wie solche bewusst harmonisch gestalteten Klänge auf unseren Körper, unser Nervensystem und unsere Energiezentren (Chakren) wirken.

Dr. Mark Ryder, Southern Methodist University, hat festgestellt, dass Menschen, die der Musik eines Oberton-Chores zuhören, eine ruhigere Herzfrequenz, eine langsamere Atmung und eine geringere galvanische Hautreaktion aufweisen, als die Kontrollgruppe, die »nur« Musik hörte.
Weiteres Ergebnis: Wenn wir Musik mit einem reichen Anteil von Obertönen

hören, können wir unsere Großhirnrinde aufladen, Atmungs- und Herzfrequenz absenken und die Aktivität unserer Gehirnwellen reduzieren.

Wie kommt es dazu, dass Musik diese Wirkungen erzielt?
Am Anfang war das Wort - Klang, der die Materie bewegt.

Die verborgenen, heiligen, heilenden Qualitäten von Klang und Musik lassen sich erspüren. Über unser ureigenstes Instrument - die Stimme - ein Werkzeug, das wir alle in einem individuellen Maße gelernt haben zu beherrschen, ist es mehr als mit irgend einem anderen Instrument möglich, sich dem Geist, dem Wesen der Musik zu nähern.

Wie die »Alten« schon sagten, ist die Musik ein Geschenk des Himmels. Mit ihr können wir dem Himmel näher kommen, den Himmel in uns wieder entdekken und lobpreisen. Auch das ist ein ursprüngliches Anliegen von Musik.
Musik als Sprache, als Kommunikationsmittel zwischen Himmel und Erde, zwischen Diesseits und Jenseits, aber auch zwischen allen Wesen, die den Funken des göttlichen Erbes in sich tragen.

Wie sieht aber nun ein möglicher Weg aus, jenseits von abschreckenden Konventionen und Leistungsdruck des traditionellen reproduzierenden, virtuosen Musizierens, sich der Musik in ihrem heilenden Wesenskern zu nähern?

In meinen Seminaren und der Arbeit mit dem Oberton-Chor beschreite ich folgenden Weg:
Wenn wir ein Instrument spielen wollen, so müssen wir es erst einmal hervorholen, vom Dachboden, aus dem Keller, aus dem Schrank ..., es entstauben, auf seine Funktionsfähigkeit prüfen, es neu begreifen und unsere Hände und unseren Atem auf das Instrument einstellen, es stimmen, uns darauf einstimmen.

Wenn wir unseren Körper, unser Gefäß, zum klingenden Instrument machen wollen, dann ist es gut, ebenso vorzugehen: Uns von Staub und Spannung zu befreien, alte Gedanken und Sorgen loszulassen, uns mit unserer vollen Aufmerksamkeit und mit guten Absichten unserem Instrument Körper achtsam zuzuwenden und uns langsam und liebevoll anzunähern.

Der Weg geht also über das Erspüren des eigenen Körpers, des Atems, die Raumwahrnehmung um uns und in uns. Vom Wahrnehmen alltäglicher »normaler« Dinge und Vorgänge, wie Atmen und Gehen, über das Erspüren der Besonderheiten jetzt im Moment, zum bewussten Lauschen in das Leben und die feineren Zusammenhänge.

Im Lauschen auf uns selbst, unsere eigene Stimme, unsere Per-Son (Per-sonare), unser Schwingen im umfassenden Sinne, auf die Schwingungen der anderen Menschen, die Gruppe, den Raum, die Welt, das Universum und zurück. Immer wieder von innen nach außen und von außen nach innen.

Dies bringt uns zur Wahrnehmung und zum Erkennen von Resonanz, was wir auch mit dem schönen deutschen Wort »Mitgefühl« übersetzen können.

Im spielerischen Umgang mit Atem und Klang entdecken wir die verborgenen, ordnenden Kräfte im Klang. Das Entdecken der Obertöne im eigenen Stimmklang bringt unsere Wahrnehmung und unsere eigene Schwingung auf eine neue, feine Erlebnisebene. Das Verstehen der Struktur und der Gesetzmäßigkeit der Obertonreihe führt uns zu Erkenntnissen des Verbundenseins mit der gesamten Schöpfung. Da die Obertonreihe nach oben unendlich ist, verbinden wir uns automatisch, wenn wir bewusst unser Lauschen auf die Obertöne in uns richten, mit einem Aspekt von Unendlichkeit. Auf dem Weg des Lernens, sie zu hören, ihnen Raum zu geben, erweitern wir unsere innere Klangwelt um neue Dimensionen; jede und jeder nach ihrem/seinem individuellen Vermögen und Entwicklungsstand.
Wir entdecken das Wesen von Harmonie und damit natürlich auch von Disharmonie und die Zusammenhänge von Lebensprinzipien, die sich in der Musik für das Leben offenbaren.

Offenheit und Durchlässigkeit für die aus uns selbst aufsteigenden Klänge sensibilisieren uns für Resonanzen der feinen Art und unser Instrument Stimme wird in besonderer Weise geschult.

Christian Bollmann, Obertonsänger

Ausgehend von den Übungen zum Obertongesang sangen und tanzten wir auch Mantren und Lieder der Heilung aus unterschiedlichen Traditionen in den beiden Workshops, was durch die traditionelle Strukturierung der Musik unsere Verbindung zur Erde stabilisierte. Mit dem Vaterunser in aramäisch - der Sprache Jesu: »Abwun d'bwaschmaya« - und als Mantra gesungen, beendeten wir den Workshop in einer heilsamen Stille.

Dieses Mantra verbindet den kraftvollen Aspekt der alten heiligen Sprache mit denen von Rhythmus, Bewegung und den feinen Klängen der Obertonmusik.

AUTOGENES TRAINING UND KLANG

Christine Vogel

Das Autogene Training ist nicht nur ein bewährtes Entspannungsverfahren. Wenn es regelmäßig praktiziert und in seinem Wesen verinnerlicht wird, bietet es die Möglichkeit zur Persönlichkeitsentfaltung und zu einem bewussteren, wohltuenderen Leben. Autogenes Training wird daher auch als ein Weg zum Selbst bezeichnet.

Die meisten Teilnehmer meines Workshops hatten bereits Erfahrung mit Autogenem Training, so lag der Schwerpunkt des Interesses auf der Verbindung von Autogenem Training und Klang.

Eine Verbindung ergibt sich für die Anwender/innen der Klangmassage selbst, die mit beiden Methoden vertraut sind:
Wer mit Klang arbeitet, braucht innere Ruhe und Gelassenheit, liebevolle Achtsamkeit und eine gute Wahrnehmung, aber auch Abgrenzungsfähigkeit.
Diese für die Klangarbeit notwendigen Grundvoraussetzungen werden durch das Autogene Training geschult und verbessert, eine hervorragende Arbeitsbasis gerade auch für die Anwender/innen der Klangmassage, die keine medizinische oder therapeutische Grundausbildung haben.

Für die Klienten, beziehungsweise für alle Anwender/innen, eröffnen sich durch die Kombination von Klang und Autogenem Training neue Möglichkeiten: Die Klangmassage nach Peter Hess® bietet einen Raum der wohligen Geborgenheit, in dem Urvertrauen gespürt und gestärkt werden kann. Die Klienten genießen - passiv - wie ein Kind, das von der Mutter liebevoll versorgt wird. In diesem geborgenen, entspannten Raum kann vieles in Gang kommen, sich lösen oder verändern.

Für durchgreifende, nachhaltige Veränderungen gerade bei schwerwiegenderen oder lang anhaltenden Problemen (körperlich oder seelisch) reichen die Wirkungen der Klangmassage oft nicht aus.
Dann ist es für die Klienten nötig, mit dem eigenen Erwachsenen-Ich, mit Gedanken, Zielvorstellungen, eigenem Willen, selbstverantwortlich aktiv zu

werden. Das Autogene Training kann hier die Funktion eines »Basistherapeutikums« einnehmen. Mit der Kraft der Gedanken und mit Konditionierung können hierbei alte, ungünstige neuronale Verknüpfungen abgebaut und neue, heilsamere gebahnt werden.

Damit die Kraft der Gedanken wirksam werden kann, bedarf es der Entspannung und des Loslassens, einer »wohlwollend hinlenkenden Aufmerksamkeit«. In der Grundstufe des Autogenen Trainings wird dieses geübt und entwickelt. Bis zur Konditionierung von Autogenem Training sollte dabei ohne Klang und ohne fremde Stimme geübt werden, um von allen äußeren Bedingungen unabhängig zu bleiben.

Entspannung und Loslassen wird auch in der Klangmassage erreicht. Durch die Kombination beider Verfahren kann die notwendige, oft blockierte Verbindung zwischen »Kopf und Bauch«, zwischen Geist, Körper und Seele, wieder geöffnet werden. Bei »Kopfmenschen«, die schwer loslassen können, ermöglicht oft die Klangmassage (Zugang über die körperlich-seelische Ebene), dass Autogenes Training (Zugang über den Geist) überhaupt erst angewendet werden kann.

Auch für die ganzheitliche Verankerung von gezielten Vorsatzbildungen und Affirmationen (Aufbaustufe des Autogenen Trainings) und zur Entwicklung von dazugehörigen Vorstellungen und Bildern bietet der Klang einen idealen Raum.

Ablauf des Workshops:
Den praktischen Teil des Workshops begannen wir zum Herstellen einer gemeinsamen Basis und zum Auffrischen mit einer Runde Autogenem Training - ausnahmsweise mit Anleitung.

Exemplarisch wurde danach bei einer Teilnehmerin mit Hilfe von Imaginationen ein formelhafter Vorsatz erarbeitet, der dann in eine Klangbehandlung integriert wurde.
Obwohl bei dieser Teilnehmerin sogar ein verletzungsbedingter organischer Schaden vorlag, berichtete sie nach der kurzen Behandlung von einer ange-

nehmen Linderung. Beobachter aus der Gruppe stellten eine bessere Beweglichkeit der schmerzhaft versteiften Schulter fest.

Solche formelhafte Vorsatzbildungen werden den Klienten wie ein Mantra mitgegeben zur eigenständigen, regelmäßigen Wiederholung und Konditionierung. Sie können dann mit und ohne Klang angewendet werden. Problemlösungen und Heilungsschritte können so entscheidend gefördert werden.

Berichte aus der Arbeit mit Studenten der drei Berliner Universitäten, gesammelt über Jahre in zahlreichen Kursen für Autogenes Training:
Regelmäßig wurde schon während der achtwöchigen Kurszeit über Veränderungen berichtet. Mit eigenem Erstaunen bemerkten viele Studenten, dass sie gelassener wurden, geduldiger, toleranter und zufriedener mit sich selbst, mit ihrer Umwelt und dem Stress des ständigen Leistungsdruckes und ihrer Versagensangst. Schlafstörungen verschwanden, erhöhter Blutdruck normalisierte sich, Herzrhythmusstörungen und Magen-Darmprobleme besserten sich, Konzentrations- und Lernfähigkeit erhöhten sich, Ängste wurden gemildert.
In Einzelfällen war zusätzlich therapeutische Intervention oder ein Aufbaukurs nötig, um Ängste ganz abzubauen.

In den Aufbaukursen wurde neben Fantasiereisen vor allem an Vorsatzbildungen gearbeitet. Oftmals waren Prüfungsängste der Anlass. Zum Beispiel hatte eine Musikstudentin so starke Auftrittsangst, dass ihr auf der Bühne weder Kopf noch Hände gehorchten und ein Musizieren unmöglich wurde. Mit gezielten Vorsatzbildungen, die sich teilweise auf die auftretenden Symptome wie Zittern, Muskelschwäche oder Denkblockaden bezogen, teilweise die Zuversicht und das Selbstvertrauen stärkten, konnte sie sich erfolgreich auf ihr Konzertdiplom vorbereiten.

Bei Einführung der »Sonnengeflecht-Formel« kamen regelmäßig auch die Klangschalen in einer Klangreise zum Einsatz. Für Studenten, die im Autogenen Training nur schlecht loslassen konnten, boten dann die Klangschalen einen Einstieg in die Entspannung. Zur »Wunschrunde« in der letzten Stunde waren die Klangschalen regelmäßig gefragt.

Auch Vorsatzbildungen konnten mit Klang verankert, »konditioniert« werden und beispielsweise in Prüfungsvorbereitungen durch Anschlagen einer am Arbeitsplatz stehenden Klangschale immer wieder aktiviert werden.

Den Abschluss des Workshops bildete eine weitere Verbindung von Klang und Autogenem Training. In eine Fantasiereise wurden die Grundformeln des Autogenen Trainings eingebettet. Dabei wurde die spürbare Wirkung einer Klangschale auf dem Solarplexus verbunden mit der Autogenen Training-Vorstellung des »strömend warmen Sonnengeflechts«. Hierdurch kommt es zu einer Harmonisierung des vegetativen Nervensystems über alle drei »Zugänge« - körperlich, seelisch und geistig - und gleichzeitig auch wieder zu einer Öffnung zwischen der so oft blockierten Verbindung von »Kopf und Bauch«.

Wer mit Autogenem Training vertraut ist, kann sich zum Beispiel auch intensiver das Körpergefühl vorstellen und die Wirkung von Klangschalen »spüren«, selbst wenn gerade keine Klangschale zur Hand ist.
Wie bei der Klangmassage selbst, können sich auch hier eigene Ideen zur Kombination entwickeln. Insgesamt ergänzen sich die beiden Methoden ideal.

HYPNOTHERAPEUTISCHE TRANCEREISEN MIT KLANG

Dr. Rosa Matzenberger

Allgemeine Einführung

Klinische Hypnose und Trance – Was ist das?

Hypnose ist eins der ältesten Naturheilverfahren. Es ist eine dokumentierte, wissenschaftlich untersuchte, ganzheitliche Heilmethode.
Hypnose beruht auf dem Phänomen, sich selbst etwas so gut vorzustellen und zu erleben als sei es Wirklichkeit. Bei angenehmen Urlaubserinnerungen fühlt man sich plötzlich wieder wie im Urlaub: Man sieht die schöne Landschaft, riecht die typischen Gerüche, erinnert vielleicht das gute Essen, den Sand, die Sonne auf der Haut, hört die Geräusche des Meeres – alles ist darauf konzentriert. Je mehr Sinne involviert sind, desto intensiver ist das Erleben, und daher fühlen wir uns wieder an den Urlaubsort versetzt. Je besser man sich konzentrieren kann und je besser die Vorstellungskraft ist, desto leichter und tiefer geht die Trance. Sie kennen sicherlich das Gefühl, dass beim Lesen eines packenden Buches oder Sehen eines spannenden Filmes alles um Sie herum verschwindet und in weite Ferne rückt. Dies ist auch typisch bei Kindern, die im Spiel versinken und nicht mehr ansprechbar sind. Bei Kindern ist dies also ein völlig natürlicher, noch ganz selbstverständlicher Bewusstseinszustand; sie können sich wunderbar in andere Welten, Abenteuer, Rollen und Tagträume hineinversetzen. Es handelt sich dabei um einen Bewusstseinszustand, der häufig im Alltag auftritt.

Diese sogenannte Alltagstrance wird in der Klinischen Hypnose dazu verwendet, die Aufmerksamkeit auf das Erwünschte zu richten, zum Beispiel auf eine Reise zum Lieblingsplatz.
Während dieser Imagination kann sich der Körper entspannen und die Wahrnehmung zieht sich von außen nach innen zurück, die äußere Umgebung tritt in den Hintergrund, das innere Erleben wird intensiver und lebhafter.
Der Körper reagiert in diesem veränderten Bewusstseinszustand nun auch sehr gut auf Bilder und Botschaften, wie zum Beispiel beim »Wohlfühlort«.

Kinder und Erwachsene lieben Märchen und Geschichten. So wie im Märchen allgemeine Probleme des Menschseins angesprochen werden und in einer symbolischen Form dargestellt und beispielhaft gelöst werden, können auch Geschichten eingesetzt werden.

Während einer Entspannungssituation, die mit Klang herbeigeführt wird, steigert sich das Wohlbefinden, Körper und Seele gelangen in einen tiefen, regenerationsfördernden Entspannungszustand. Wenn das Ganze mit hypnotherapeutischen Trancereisen verknüpft wird, findet eine hohe Konzentration und Fokussierung auf die Wahrnehmung der Innenwelt statt, das Tor zum Unbewussten wird geöffnet. Eigene Ressourcen und individuelle Lösungsmöglichkeiten können dadurch aktiviert werden.
Dies kann, einerseits mit Hilfe gezielter Entspannung durch Klangschalen und Gong, andererseits durch die Methode der hypnotherapeutischen Trancereisen erzielt werden. Optimal ist jedoch die Kombination beider Methoden, da sie sich gegenseitig hervorragend ergänzen und verstärken.
Die Klangschalen und der Gong zeichnen sich auch dadurch aus, dass der monotone Rhythmus die Trance verstärkt und die körperliche Entspannung vertieft wird. Andere Musikinstrumente wirken hingegen häufig anregend oder aktivierend, beispielsweise regt ein Trancetanz mit Trommeln die Bewegung im Körper an.

Die Verknüpfung von Klangarbeit und Hypnotherapie kann als eine Potenzierung und enorme Bereicherung in der Klangarbeit verstanden werden.

Hypnotherapeutische Trancereisen sind keine gelenkten Fantasiereisen, sie sind offen formuliert und lassen Spielraum für das, was beim Einzelnen durch sein Unbewusstes gerade ausgedrückt werden möchte. Sie werden im psychotherapeutischen Kontext zur Problemlösung und als Behandlungsmethode verwendet.
Man kann sich das so vorstellen: Es wird ein riesiges Buffet angerichtet, wo jede/r auswählen kann, was sie/er zu sich nimmt und das voll auskostet.

Wie gestaltet man Trancereisen?
Bei der Gestaltung von Trancereisen sind verschiedene Aspekte zu berücksichtigen:

- Aufbau von Trancereisen
- Techniken zur Erreichung von Entspannung (Trancezuständen)
- Anleitungen für Einzel- und Gruppen-Entspannung

- Aufbereitung von wertvollen Geschichten und Texten
- Verwenden von Metaphern und Symbolen in der Trancearbeit
- Einsatz von Klängen und musikalischer Gestaltung bei Trancereisen
- Sprachliche Formulierungen im Einklang mit Sprechrhythmus, Stimme und Klang

Ziel dieses Workshops ist das Kennenlernen der vielfältigen Einsatzmöglichkeiten von hypnotherapeutischen Trancereisen. Dabei stehen Klangarbeit und verbale Ausdrucksweisen im Einklang miteinander.

Der Ablauf des Workshops

Eine große Gruppe von mehr als 30 Teilnehmern strömte in meinen Workshop. Nach einer kurzen Anfangsrunde, in der jede/r sich kurz vorstellte und ihre/seine Erwartungen ausdrückte, führte ich in das Thema ein. Am besten kann man sich etwas unter Trance vorstellen, wenn man sie selber erlebt. Daher begann ich sehr bald, eine ausgiebige Trancereise anzuleiten, begleitet mit Klangschalen und Gong.

Dr. Rosa Matzenberger beim Einklang zu ihrem Workshop

Die Trancereise umfasste einen Einstieg mit Betonung der körperlichen Entspannung, anschließend die Reise zu einem Ort des Wohlfühlens, an dem ganz verschiedene Erlebnisse möglich waren und Anregungen gegeben wurden, individuelle Lösungen und Ressourcen aufzuspüren.

Aufgrund der räumlichen Gegebenheiten war es den Teilnehmern freigestellt im Sitzen oder Liegen zu reisen, und es stellte sich heraus, dass es überhaupt keinen Unterschied machte, in welcher Körperhaltung die Reise durchgeführt wurde. Grundsätzlich kann man nur darauf hinweisen, wie wichtig es ist, in unterschiedlichsten Positionen in Trance gehen zu können.

Die Trancereisen waren von einer derart erstaunlichen Präsenz, Klarheit und Intensität, wie ich sie nur aus der Kombination von Klangarbeit und hypnotherapeutischer Trance-Sprache kenne.
Beide Methoden führen zu einem veränderten Bewusstseinszustand mit vollkommener körperlicher Entspannung bei hellwacher Aufmerksamkeit, mit sinnlichem Erleben und Imaginieren – also einem Trancezustand.
Gemeinsam angewandt, potenzieren sie sich offenbar und verstärken die rechtshemisphärische Gehirnaktivität ebenso wie die unbewussten Lösungsprozesse.
Trancereisen, begleitet mit Klang, erweisen sich als ein besonders effektives Werkzeug, das zu Selbstvertrauen, Kreativität, verstärktem ganzheitlichen Wohlbefinden und neuen Problemlösefähigkeiten sowie Selbsterfahrungsprozessen führt.

Rückmeldungen der Teilnehmer:
Die Teilnehmer meines Workshops sind in der Klangmassage nach Peter Hess® ausgebildet, und die meisten davon bieten selbst Fantasiereisen an. Deshalb war ich besonders überrascht darüber, dass so viele diese Art der Trancereise als eine neue, enorm bereichernde Möglichkeit für ihre Praxis rückmeldeten:

- Ich nehme meinen neuen Kraftplatz mit und möchte ihn verstärkt in meine Arbeit integrieren!
- Ich bin plötzlich in eine neue, völlig andere, noch nie erlebte Dimension gekommen, so als würde ich bald abheben, fühlte mich so frei und leicht!
- Ich habe den Klangteppich als fliegenden Teppich genommen, um rund um die Welt zu kommen. Ich hatte das Gefühl, mir gehört die ganze Welt, die ganze Welt ist mein Kraftplatz!
- Trotz vieler eigener Reisen habe ich hier wieder viel Neues erlebt!
- Ich nehme die Erkenntnis mit: Alles ist in mir! Die ganze Welt ist in mir!
- Das war wie eine Woche Urlaub am Meer – ein Schlaraffenland, alles ist in Fülle da! Die Fülle für mich!

Mehrere Teilnehmer fanden auf ihrer Reise sehr hilfreiche Symbole:

- Ich habe eine Lichtkugel als Symbol gekriegt, die im Solarplexus sitzt!
- Ich finde es so schön, dass ich mit dieser Methode an mein inneres Schatzkästchen komme!
- Mein Kraftplatz ist im Liegestuhl auf der Terrasse, und da kann ich mich täglich total gut entspannen, obwohl daneben viel Autolärm ist, das höre ich dann nicht mehr!
- Ich habe meinen Herzplatz gefunden!
- Ich fand meine eigene innere Insel, wo sonst niemand hinkommt!

Einige berichteten von dem inneren Beobachter, dem Kontrolleur, der alles bewertet und häufig das Loslassen erschwert. Dieses Thema tauchte aber nur bei drei Teilnehmern anfänglich auf und führte dann zu folgender Aussage:

- Ich erlebte ein tiefes Sein-Lassen-Können. Fühle mich jetzt leicht und frei!

Bei anderen tauchten ganz klare Ressourcen auf, die sie bereits in der Kindheit hatten, die aber in Vergessenheit geraten waren und nun wieder für die momentane Lebenssituation nutzbar wurden.

Viele Rückmeldungen bezogen sich auf das Spiel mit den Klangschalen, den Gongraum und die Kombination mit meiner Stimme, die übereinstimmend als recht angenehm und harmonisch erlebt wurden. Die Aussage: »Ich fand die Ruhe und Stille so angenehm!«, zeigt, wie wohltuend die Entspannung im Klangraum sein kann.

Anhand der Erzählungen der Teilnehmer/innen war es gut möglich, im Anschluss über Aufbau und Gestaltungsformen der Trancereisen, die spezifische Trancesprache sowie weitere theoretische Details ausführlich und praxisbezogen zu sprechen.

Besonders freute mich, dass die meisten Teilnehmer in der Feedback-Runde von einer höchst wertvollen Selbst-Erfahrung sprachen, von der sie, nach eigenen Angaben, für ihr praktisches Wirken viel profitieren können. Ich stellte fest, dass der Workshop selbst für diejenigen, die in der Klangmassage ausgebildet sind und die schon selber viele Fantasiereisen angeboten haben, einen weiteren Zugang zu Trancereisen darstellte und damit eine Bereicherung für sie war.

KLANGWELLE UND KLANGSTUHL

Ingo Böhme und Martina Gläser-Böhme

Im Kreis von vielen Schlitztrommeln und Monochorden, die abwechselnd nebeneinander aufgebaut waren, setzten sich die 16 Teilnehmer so, dass jeder ein Instrument vor sich hatte. Wir begrüßten die Teilnehmer und spielten eine kleine Improvisation auf Schlitztrommel und Monochord.

Die Instrumente

Die **Schlitztrommel von »Boing«** kommt in ihrer ursprünglichen Form von den Azteken und hieß dort »Teponatzli«. Sie war aus Bambus und hatte zwei eingeschlitzte Zungen. Unsere Schlitztrommeln haben sechs bis zwölf Zungen, die pentatonisch gestimmt sind. Die Klangdecken sind aus dem afrikanischen Padouk-Holz, einem Klangerzeugungsholz, das besonders ölhaltig ist, um zu verhindern, dass die Stimmung sich durch Luftfeuchtigkeitsschwankungen verändern kann. Unsere Bass- und Tenorschlitztrommeln haben an der Seite Füße, so dass man die Spielfläche auf die Seite kippen kann, um Menschen auf die Trommel zu legen. Nun kann rhythmisch an der Seite gespielt werden, und die tiefe Vibration wird auf der Oberfläche des Holzes spürbar.
Anwendung finden die Trommeln häufig in Kindergärten, zum Bespiel bei hyperaktiven Kindern oder in Kliniken zum »Erden« von Menschen. Kinder mit Behinderung und einhergehenden motorischen Störungen erleben durch klangliche Stimulation mit der Schlitztrommel eine erheblich verbesserte Steuerung ihrer Gliedmaßen und des Gleichgewichtssinnes. Aktiv gespielt sind sie auch gut geeignet für kraftvolles Spiel, zum Austoben und Abreagieren von Spannungen.

Die **Monochorde von »feeltone«** kommen ursprünglich aus der Mongolei (mono = eins, chord = Saite). Dort hatten die Instrumente nur eine Saite, wie auch später bei Pythagoras, der seine Musiklehre darauf aufbaute und die Tonabstände (Oktave, Quint, ...) physikalisch und optisch damit erklärte. Teilt man eine Saite mit einem zusätzlichen Steg oder Einzelreiter in ein Drittel und zwei Drittel, ist das eine Drittel halb so lang wie das doppelte Drittel, das Intervall zwischen diesen beiden Tönen ist jetzt exakt eine Oktave. Teilt man die Saite in 1/5 und 4/5, bekommt man eine Quint. Eine Quart bekommt man, wenn man in 1/4 und 3/4 unterteilt.

Klangmöbel von »feeltone«

Unsere Monochorde, auf denen auch unsere Klangmöbel basieren, haben immer die gleiche Anzahl umsponnener wie blanker Saiten. Streicht man nun sanft über diese Saiten, entsteht ein Klangteppich, entweder aufsteigend, was dynamisch wirkt, oder absteigend, was entschleunigend wirkt. Wenn das Gehirn Melodien hört, assoziiert es automatisch willkürliche Bilder zu den Tonfolgen. Manche dieser Bilder sind konkrete Erinnerungen. Erklingt nur ein einziger Ton, hier in einer Oktav Unterschied, kann das Gehirn in einen Ruhezustand gehen und entspannen, wie beim Summen des Mantras »OM«. In unseren Klangmöbeln wird diese Schwingung durch die tiefen Töne der umsponnenen Saiten besonders intensiv spürbar. Es geht dabei weniger um das Hören als um das Spüren von Klang und Vibration.

Fallbeispiel

Menschen, die ganze Körperteile auf Grund von Krankheiten oder Operationen nicht mehr spüren können, erleben beispielsweise, dass das Gefühl und damit die Heilung bedeutend schneller in die betroffenen Körperteile zurückkehrt.

Gruppen-Spiele

Nach einer kurzen Einführung zu den wichtigsten spieltechnischen Details und Spielmöglichkeiten der Instrumente hatten die Teilnehmer, die eine Schlitztrommel vor sich hatten, die Aufgabe, zusammen circa fünf Minuten zu improvisieren. Ein kraftvolles, energetisches Getrommel begann, erst durcheinander, dann immer strukturierter. Danach wurden die Monochord-Spieler aufgefordert, nacheinander im Uhrzeigersinn auch etwa fünf Minuten zu spielen. Ein entspannender, ineinander übergehender Klangteppich ging im Kreis herum. Verschiedene Nuancen von Monochordentypen wurden hör- und unterscheidbar.

Gesprächsrunde

In der Vorstellungsrunde erzählten die Teilnehmer, woher sie musikalisch kamen und was sie an diesem Workshop interessiere. Wir versuchten die Unterschiede, das persönliche Empfinden und die Wirkungsweise zwischen den beiden Instrumententypen zu ergründen und zu unterscheiden.

Welche Qualität hat die Schlitztrommel mit ihren Holzzungen und dem tiefen Bass, welche das Monochord mit den vielen, gleich langen Saiten und dem langen Ton?

Wissen und Entwicklung

Meine Entwicklung der ersten gestimmten Schlitztrommel machte den Weg frei für tonale Harmonien, die für ein angenehmes Empfinden von Klang und Vibration bei der therapeutischen Arbeit erforderlich sind. Beim Monochord ist die Beschaffenheit der Saiten maßgeblich für den Klang verantwortlich. Die unterschiedlichen Materialien sind die Basis für Klang und Stimmstabilität. Die exakte Berechnung der Saitenstärke, aber auch die Umwicklung der tieferen Basssaiten, sorgt für eine entsprechende Tiefe der Vibration. Je tiefer der Ton ist, desto deutlicher wird der Klang körperlich empfunden.

Bespielen und Bespieltwerden

Die Teilnehmer bildeten nun Zweiergruppen, um an den Klangmöbeln ihre eigenen Erfahrungen zu machen und die Unterschiede der verschiedenen Typen zu erleben. Die Aufgabe war, dass immer jemand fünf Minuten einen Anderen bespielt und dann fünf Minuten selbst bespielt wird, damit jeder einmal in den Genuss der verschiedenen Instrumente kommt, einmal als Bespieler und Gestalter des Klangs, einmal als Bespielter und Empfänger.

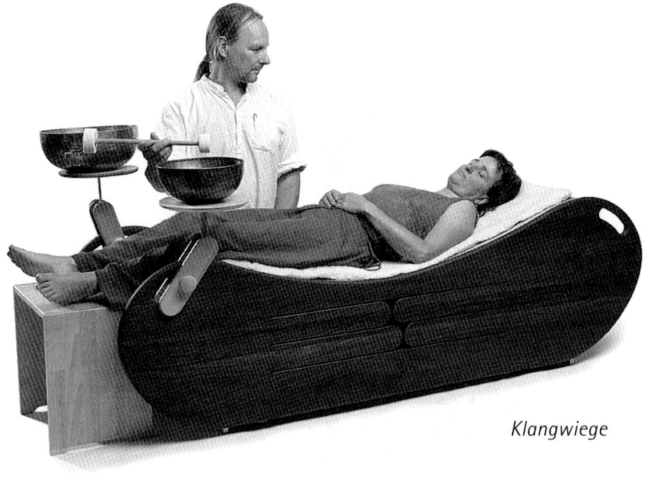

Klangwiege

Es standen mehrere Klangstühle (Monochord auf der Rückseite), eine Klangwelle mit Schlitztrommel und Monochord, eine Liegeschlitztrommel, eine Klangliege (Monochord auf der Unterseite) und einige Behandlungsmonochorde zum Auflegen auf den Patienten bereit.

Zungenschlitztrommel

Abschlussrunde

Die unterschiedlichen, sehr individuell geprägten Erfahrungen wurden in der Runde ausgetauscht. Es wurden Fragen diskutiert zu den verschiedenen Einsatzbereichen, wie Kinder- und Altenarbeit, im Behinderten- und Krankenhausbereich, aber auch im Wellness- und Hotelgewerbe. Ganz wichtig war es uns, zum Abschluss immer noch einmal daran zu erinnern, dass sich zwischen einem Bespielten und Bespieler eine Resonanz, eine Beziehung aufbaut und man den Bespielten begleitet und trägt, die ganze Zeit der Session hindurch, bis der letzte Ton ausgeklungen ist.

Klangstuhl

KLANGMASSAGE IN DER GEBURTSVORBEREITUNG UND IN DER ARBEIT MIT FRAUEN

Connie Henning

Seit über zwanzig Jahren arbeite ich als Hebamme. In meinem Beruf habe ich unter anderem die Aufgabe, Frauen beziehungsweise Paare auf die Geburt vorzubereiten. Im Laufe dieser Zeit haben sich für mich die Inhalte einer sinnvollen Geburtsvorbereitung stark verändert. Während anfangs die Vermittlung von Atemtechniken im Vordergrund stand, ist jetzt zunehmend die Körperarbeit in den Mittelpunkt getreten.

Wie alle anderen Lebensbereiche, so unterliegt auch die Situation der heutigen Geburtshilfe den gesellschaftlichen Veränderungen. In unserer kopforientierten Zeit haben wir immer mehr den Zugang zu unseren Instinkten verloren. In meiner Praxis erlebe ich häufig Frauen, die den Zugang und das Vertrauen in sich und in ihren Körper verloren haben. Aus Unsicherheit geben sie ihre Verantwortung ab und sind der Meinung, dass Arzt und Hebamme schon wissen, was für sie richtig ist.

Aus meiner Sicht ist es dringend nötig, dass wir Menschen uns wieder als Einheit aus Körper, Geist und Seele wahrnehmen und im alltäglichen Leben darauf achten, diesen Zugang nicht wieder zu verlieren. Dies gilt aber in erhöhtem Maße für die Zeit von Schwangerschaft und Geburt. So verstehe ich meine Aufgabe als begleitende Hebamme. Der Körper einer Frau weiß genau, wie Gebären »geht«. Aus diesem Instinkt heraus benötigt eine Mutter keine Regeln von außen, wie sie ihrem Kind begegnen soll, wenn sie ihrem Körper vertraut, sich selber wahrnimmt und ihren Gefühlen glaubt.

Durch gezielte Körperarbeit in Verbindung mit Klang können Frauen dabei unterstützt werden, wieder Zugang zu ihrem Körper, zu ihrer Selbstwahrnehmung und zu ihren Instinkten zu finden – und somit an uraltes, verschüttetes Frauenwissen wieder anzuknüpfen.

Gemeint ist hier nicht eine Vermittlung von Fakten, sondern was ich meine, sind Erlebnisse, Erfahrungen, die uns wieder mit unserer inneren Weisheit in

Kontakt bringen, die uns Zugang zu unserem ureigenen, kollektivem Wissen verschaffen. Der Klangraum bietet hier eine ideale Atmosphäre, in der Selbstvertrauen und Körpergefühl wieder gedeihen dürfen.

Mit Klängen durch die Schwangerschaft

Für werdende Mütter und Väter kann die Schwangerschaft wunderbar genutzt werden, um wieder sensibler in der Eigenwahrnehmung zu werden. Die eigenen Bedürfnisse, Wünsche, Sehnsüchte und Ängste, die mit der Vorbereitung auf die neue Lebenssituation auftauchen, wollen bewusst wahrgenommen und ernstgenommen werden. Es braucht Mut und Selbstvertrauen, um die eigenen Vorstellungen zu verwirklichen – Klang kann hier ein sehr wertvoller Begleiter sein.

Eine bewusste und sensible Auseinandersetzung mit sich und dem Partner/der Partnerin ist in der Zeit der Schwangerschaft besonders wichtig und schafft gute Voraussetzungen dafür, dass Paare dieses besondere, alles verändernde Ereignis Geburt, eigenverantwortlich gestalten und positiv erleben können.

Heute ist Klang überhaupt nicht mehr aus meiner Tätigkeit als Hebamme wegzudenken. Ich beginne stets die Geburtsvorbereitung damit, dass ich Körperentspannungsreisen mit der Klangschale begleite und somit eine tiefere Entspannung und intensivere Selbstwahrnehmung ermögliche. Darüber hinaus haben die Paare die Möglichkeit, mit Klangschalen zu experimentieren, was in der Regel – manchmal nach anfänglicher Skepsis – sehr positiv aufgenommen wird. In diesem Zusammenhang biete ich an, die Klänge in Form einer Einzelstunde bei mir zu erfahren. Dieses Angebot wird gut angenommen, und somit begleite ich inzwischen die meisten »meiner« Schwangeren mit Klang durch die Schwangerschaft.

Durch Klangmassage kann geburtsvorbereitend Folgendes erreicht werden;

- Zur vertieften Atmung gelangen - neue Atemräume eröffnen
- Körperwahrnehmung verbessern
- Ängste, Zweifel und Vorbehalte auflösen
- Selbstsicherheit gewinnen – sich vertrauen – Verantwortung übernehmen

- Vertrauen in den Körper gewinnen – ihm folgen – ihm nachgeben – spüren, dass er gebären kann
- Loslassen – geschehen lassen – sich anvertrauen – nachgeben
- Zur Ganzheit gelangen – in Fluss kommen – sich in seinen Polaritäten erfahren
- Integration der Polaritäten:
  Kopf und Bauch – Ratio und Gefühl – Yin und Yang
- Die Sicherheit spüren, in ein Gefüge eingebettet zu sein, dem wir uns bedingungslos anvertrauen können (im Kosmos geborgen sein)

»Schwierige« und »normale« Schwangere

Zu welchem Zeitpunkt der Schwangerschaft die Klangmassage sinnvoll und unterstützend einzusetzen ist, ist von der jeweiligen Situation abhängig. Probleme in der Frühschwangerschaft sind oft Folge davon, dass etwas ins Stocken geraten ist. Durch die tiefe Entspannung in der Klangmassage können die Dinge wieder in Fluss kommen und somit zur Auflösung der Problematik beitragen. Stelle ich im Geburtsvorbereitungskurs fest, dass es einer Frau unmöglich ist, in den Bauch zu atmen, reicht oft eine Klangmassage aus, um die Situation dauerhaft zu verändern.

Aufgeregten und nervösen Frauen dient die Klangmassage zur Entspannung, ängstlichen Frauen gibt sie Sicherheit und Selbstvertrauen.

Einer völlig unauffälligen Schwangeren mit gesundem Selbstvertrauen – heutzutage leider eher von Seltenheitswert – biete ich die Klangmassage etwa sechs Wochen vor der Geburt einmal wöchentlich zur Unterstützung an. Im Klangraum wird sich ihr gesunder Zustand weiter stabilisieren. Sie wird, von innen gestärkt, eigenverantwortlich ihre Geburt erleben.
Sie wird die Krise, die jede Geburt auch immer bedeuten kann, als ganz normalen Teil ihres Lebens ansehen und die Geburt als wertvolle Krafterfahrung in ihr Leben integrieren.

Klangmassage-Setting mit Schwangeren

Grundsätzlich kann bei Schwangeren eine ganz normale Klangmassage durchgeführt werden. Zu beachten ist natürlich eine besondere Lagerung, da viele Frauen mit Fortschreiten der Schwangerschaft nicht mehr auf dem Rücken liegen können, wollen oder sollen. Hier lassen sich diverse Hilfsmittel, wie beispielsweise ein gerollter Futon, Deckenstapel, Dinkelkissen oder sonstige Materialien nutzen. Es ist wichtig, eine Liegefläche mit einer variablen »Kuhle« zu konstruieren, so dass der vielleicht schon hochschwangere Bauch gut Platz hat, die Frau bequem liegt und auch wirklich entspannen kann. Liegt keine spezielle Problematik vor, so sind Themen wie Erdung, Zentrierung und Stärkung der Mitte angebracht. Zusätzlich kann man durch Klänge im Aurabereich Klangschalen mit dem Ziel einsetzen, Hülle zu geben und Geborgenheit erfahren zu lassen.

Connie Henning bei einer Klangmassage

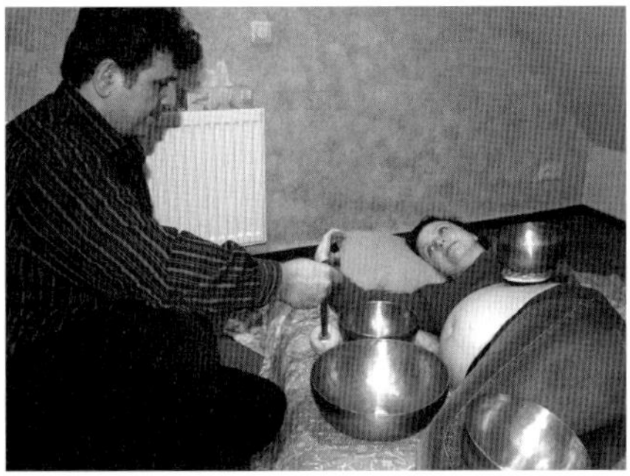

Klangmassage durch den Partner

In der geborgenen und sicheren Atmosphäre des Klangraums entwickeln sich Selbstvertrauen, Selbstsicherheit und Stärke. Der Zugang zu den verschütteten Instinkten und Weisheiten wird geöffnet, und das Vertrauen in den eigenen Körper wächst. So entsteht eine gute Basis für die bevorstehende Geburt.

Verbale Begleitung

Je nach Wunsch der Schwangeren kann die Klangmassage natürlich auch verbal begleitet werden. In der tiefen Entspannung können positive Affirmationen vom Unterbewusstsein aufgenommen und später während der Geburt wirksam werden. Oft erinnert bereits das Erklingen einer Klangschale an das angenehme Gefühl der Entspannung und des Wohlgefühls und hilft während des Geburtsprozesses, die innere Mitte beizubehalten. Auf Wunsch können gemeinsam solche Affirmationen erarbeitet und angeleitet werden, die sich beispielsweise mit folgenden Themen beschäftigen:

- Sich sicher und geborgen fühlen
- Dem Körper vertrauen
- Die eigene Kraft spüren
- Ganz bei sich sein
- Die eigene Mitte spüren
- Das Kraftpotential der eigenen Mitte wahrnehmen
- Zugang zu uraltem Wissen spüren
- Dem alten Wissen vertrauen
- Voll Zuversicht auf die Geburt schauen
- Sich auf die Geburt freuen
- Sich auf das Kind freuen
- Freude spüren, dem Kind endlich zu begegnen
- Den Wehen begegnen
- Die Wehe annehmen
- Der Wehe nachgeben
- Dem Schmerz begegnen
- Den Schmerz annehmen
- Dem Schmerz nachgeben

Nach der Geburt

Auch in der unmittelbaren Zeit nach der Geburt können die Klänge eine große Bereicherung sein. Gerade in dieser Periode sollte die gewonnene Einheit zwischen Körper, Geist und Seele stabilisiert und erhalten werden, um so die Frauen ausgeglichen und selbstsicher in die neue Herausforderung Familie zu entlassen.

Grundsätzlich lässt sich die einfache Aussage aufstellen: »Ausgeglichene Mutter – ausgeglichenes Kind!«

Das heißt, die Stärkung der Mutter-Kind-Beziehung ist in erster Linie über die Stärkung der Mutter zu erreichen. Eine Frau, die in ihrer Mitte ruht, die Zugang zu ihrer ureigenen weiblichen Kraftquelle hat, ist auch in der Lage, gut für ihr Kind zu sorgen.

Auch ein unerfüllter Kinderwunsch kann daraus resultieren, dass eine Frau nicht in ihrer eigenen Mitte ruht, nicht in Kontakt mit der eigenen Weiblichkeit steht.

Klangmassage in der Arbeit mit Frauen

Es ist für mich als Hebamme selbstverständlich geworden, dass ich Frauen – mit oder ohne Kind – auf ihrem Weg unterstützen möchte, wieder Zugang zu ihrer eigenen weiblichen Kraftquelle zu erlangen. Mit Hilfe der Klänge können häufig verschüttete weibliche Wege wieder geöffnet werden.

Kopflastiges, rationales Handeln und Yang-Qualitäten bestimmen in der heutigen Zeit unseren Alltag. Yin-Qualitäten, die jeder Mensch in sich trägt, finden immer weniger Ausdrucksmöglichkeiten. Yin – das Weibliche, das Weiche, das Behütende, das Bewahrende, sind Eigenschaften, die in unserer Ellenbogen-Gesellschaft ins Abseits gedrängt wurden.

In meiner Arbeit mit Frauen möchte ich dazu einladen, wieder Zugang zum weiblichen Kraftpotential zu gewinnen. Ich möchte einladen, diese Kraft wahrzunehmen, sie anzuerkennen und sie wieder schätzen zu lernen. Ich möchte Tore zu der Sicherheit und Gewissheit öffnen, dass uns diese Quelle jederzeit und selbstverständlich zur Verfügung steht, um daraus aus dem Vollen zu schöpfen und sich wohl zu fühlen.

Selbsterfahrung steht daher im Mittelpunkt meiner Seminare, damit die Frauen eine Idee entwickeln können, wie Klang ein Begleiter auf dem Weg zur weiblichen Kraftquelle sein kann.

Klang und Klangmassage in der Pädagogik

KLANGSCHALEN IM KINDERGARTEN

Norbert Kasprowski und Susanne Adolfs

Die Entwicklung der letzten Jahre zeigt deutlich, dass die Bereiche Wahrnehmung, Sinnesschulung, Snoezelen sowie Entspannung einen enormen Stellenwert in der pädagogischen Arbeit bekommen haben, so auch in der Arbeit mit Kindern im Kindergartenalter. Vielen Mitarbeitern von Vorschuleinrichtungen und Eltern sind Klangschalen zwar bekannt, jedoch fehlen oft Anregungen und konkrete Übungen, um die Klangschalen mit einem oder mehreren Kindern einzusetzen. Genau hier möchte dieser Workshop ansetzen. Entsprechend gestalten sich die Themenschwerpunkte wie folgt:

- Herkunft der Klangschalen
- Einzel- und Gruppenübungen mit Klangschalen
- Klangschalen als Medium zur Sinnesschulung: Hören – Fühlen – Sehen
- Entspannung durch Klangmassage nach Peter Hess®

Übergeordnetes Ziel unseres Workshops war es, den Teilnehmenden mehr Sicherheit im spielerischen Umgang mit den Klangschalen zu geben.
Die Erfahrungen aus der Praxis zeigen, dass die Klangmassage und die Klänge hervorragend geeignet sind zur:

- Wahrnehmungsschulung
- Sinnesschulung
- Kreativitätsförderung
- Lernförderung
- Verbesserung des Sozialverhaltens
- Konzentrations- und Aufmerksamkeitssteigerung
- Förderung von Ruhe und Entspannung

Ein Auszug aus den vorgestellten Spielen und Übungen:
Da es in den wenigsten Fällen (wie zum Beispiel der gezielten Früh- oder Einzelförderung in integrativen Arbeitsfeldern) zu einer 1:1-Situation zwischen Pädagogen und Kind kommt, war es uns wichtig, Übungen für Gruppen mit fünf bis sechs Kindern aufzuzeigen.

Klangschalen können vielfältig und in spielerischer Weise in zahlreichen Arbeitsfeldern eingesetzt werden. Sie bieten ein wunderbares Medium, das Kinder sehr ursprünglich und auf verschiedenen Sinnesebenen anspricht. Einen kleinen Einblick in die verschiedenen Möglichkeiten erhielten die Teilnehmer mit folgenden Spielen und Übungen:

Der Klang wandert

Eine kleine Gruppe von fünf Kindern sitzt kreisförmig am Boden oder auf Stühlen. Eine Klangschale wird sanft am oberen Rand angeschlagen und behutsam von einem zum anderen Kind weitergereicht, bis der Ton nicht mehr zu hören ist. Dabei klingt die Schale umso länger, je behutsamer sie von einer Hand zur anderen wandert. Motorik, taktile Wahrnehmung und Achtsamkeit werden bei diesem Spiel gezielt angesprochen und zugleich wird das Gruppengefühl gestärkt.

»Der Klang wandert«

Der Klang brummt durch viele Hände

Dieses Spiel zeigt, wie intensiv sich die Klänge einer Klangschale durch den Körper fortsetzen. Wir empfehlen für diese Übung eine Becken- oder Universalschale, die einen tiefen, beruhigenden Klang hat und viele Schwingungen durch ihren Boden abgibt. Ein Kind stellt die Schale auf seine Hand und schlägt sie sanft an. Nun legt ein um das andere Kind seine Hand

unter die des ersten Kindes – immer noch ist der Klang, seine Vibration, selbst in der untersten Hand zu spüren!
»Der Klang brummt durch viele Hände«, das ursprünglich als einfaches Wahrnehmungsspiel gedacht war, findet darüber hinaus auch einen wertvollen Einsatz beispielsweise in der Team-, Familien- und Trauerarbeit.
Zugleich ermöglicht dieses Spiel einen besonders schnellen, direkten und intuitiven Zugang zum Prinzip der Klangmassage.

Erstes Kennenlernen der Klangmassage

Für die Kinder bietet sich durch das Experimentieren im Aufstellen der Klangschale auf einzelne Körperteile eine Möglichkeit, sich mit der Wirkung der Klangmassage und mit den Vibrationen der Klänge vertraut zu machen. Wie fühlt es sich an, wenn ich die Klangschwingungen auf meinen Händen, Füßen, Bauch, Rücken oder an meinen Lippen und im Gesicht wahrnehme?
Die Kinder erfahren auch, dass sie die Klänge in den verschiedenen Körperteilen unterschiedlich spüren. So krabbelt der Klang über die Füße vielleicht bis zu den Knöcheln oder Knien, vielleicht sogar bis hinauf zum Becken. Wie ist es dann, wenn die Klangschale auf dem Bauch steht, bis wohin spüre ich den Klang?
Hinweis: Die von den Kindern gemachten Erfahrungen im Umgang mit den Klangschalen können bei jedem Kind anders sein.
Dieses Spiel eignet sich besonders gut zur Schulung der Körperwahrnehmung, des Körperschemas. Eine erste Klangmassage kann auf diese Weise erfolgen.

Richtungshören

Die Kinder sitzen mit geschlossenen Augen im Kreis. Ein Kind darf irgendwo im Raum eine Klangschale sanft anschlagen. Die übrigen Kinder müssen, immer noch mit geschlossenen Augen, erraten, woher der Klang kommt. Diese Übung fördert das differenzierte Hören und schult dadurch diesen Sinn. Durch die Konzentration auf den Klang wird auch das Lauschen nach innen angesprochen.

Erstellen eines »Klangbildes«

Diese Übung macht die Klangschwingungen sichtbar. Eine Klangschale wird mit Wasser gefüllt und mit Wasserfarben gefärbt. Die Schale steht auf einem großen Blatt Papier (besonders schön mit Marmorierfarben) und wird so kräftig angeschlagen, dass das Wasser, wie ein Springbrunnen, zu sprudeln beginnt. Es entsteht rund um die Klangschale ein wunderschönes, gleichmäßiges Klangbild – ein Mandala.

Einsatz von Fantasiereisen

Durch ihre entspannende Wirkung eignen sich Klangschalen hervorragend zur Begleitung von Fantasiereisen. Geführte Fantasiereisen laden die Kinder dazu ein, sich in die Welt der eigenen Fantasie, in die Welt der inneren Bilder zu begeben und fördern damit Kreativität und Intuition. Die Klänge der Klangschale berühren verschiedene Sinneskanäle und geben so dem Zuhörer mehr Möglichkeiten, die Fantasie spielen zu lassen.

Gegenseitige Klangmassage

Die Teilnehmer geben sich gegenseitig eine kurze Klangmassage, beispielsweise an den Fußreflexzonen oder am Rücken.

Kinder beim Erstkontakt mit Klangschalen
Fotoarchiv: Anne Vorwald, Bremen

KLANG IN DER SCHULE

Dr. Renate Jürgens

Mein Workshop »Klang in der Schule« begann mit einer Powerpoint-Präsentation, die einen bildlichen Eindruck von meiner Arbeit an der Toni-Jensen Schule in Kiel vermittelte.
Hier wird seit vier Jahren im wöchentlich zweistündigen Neigungsfach »Klang mit Klangschalen und anderen Klanginstrumenten« auf vielfältige Art gearbeitet. Außerdem binde ich Klang in verschiedenen Sequenzen in den regulären Unterricht ein.

Für das erfolgreiche Lernen ist der positive emotionale Zugang zu sich selbst von entscheidender Bedeutung. Der Tanz ist eine Möglichkeit, in der Bewegung sich selbst zu begegnen, sich für neue Lernprozesse zu öffnen und mit anderen in Kontakt zu kommen. So wurden auch die Workshopteilnehmer tanzend aktiv.

Schule im Wandel bedeutet nicht nur eine Veränderung der äußeren Strukturen, sondern auch ein Besinnen auf das, was uns das Leben bedeutet: Ein bewusstes Erkennen, Entdecken und Lernen unserer eigenen Persönlichkeit, ein immer wieder neu Lernen wollen und müssen, und ein uns aus »Begrenzungen« öffnen.
Lernen ist das, was die Qualität unseres Lebens bestimmt. Daher sollte eine ganzheitliche Sicht des Lernens, die insbesondere das lange vernachlässigte Fühlen und Spüren unseres Körpers einbezieht, zu den Grundlagen eines Wandels an der Schule gehören.

Der griechische Philosoph Heraklit sah das Werden und Fließen als einen wesentlichen Bestandteil der Wirklichkeit (panta rei: Alles fließt). Das Lernen in der Bewegung sollte daher als wichtiger Bestandteil des Unterrichts integriert werden.
Die Gestaltung einer Geschichte mit Klang wurde zur nächsten Aufgabe der Workshopteilnehmer. Durch die Umsetzung des Lerninhaltes in Klang wird eine positive emotionale Verbindung zum Lerninhalt hergestellt.
Hier wurde deutlich, dass die Aufgabe von einem neunjährigen Workshop-

teilnehmer mit einer selbstverständlichen Spontaneität bewältigt wurde, während den erwachsenen Teilnehmern die Aufgabe einige Mühe abverlangte.

Lernen ist, das Staunen unserer Kindheit wiederzuerinnern und in dieser Grundhaltung Lerninhalte bewusst umzusetzen.

Wichtiger Motor zum Erfolg ist die innere Motivation, die sich nur über ein positives Gefühl entwickeln kann. Bei Stress glaubt unser Gehirn, dass das Leben bedroht ist und schaltet auf Angriff. Für diesen Prozess wird unserer Großhirnrinde, die für die Denkprozesse zuständig ist, Energie abgezogen. Nur in der Entspannung ist unsere Großhirnrinde aufnahmefähig. Daher führte eine Klangreise die Workshopteilnehmer in die Weiten des Ozeans, bevor die Einflussmöglichkeiten durch Klang, Rhythmus und Bewegung auf die Merkfähigkeit von Faktenwissen über Kamele und Nomanden auf unterschiedliche Arten ausprobiert wurden.

Das in Rhythmen gekleidete Lernen von Faktenwissen im Wechsel mit Entspannungsphasen, in denen in diesem Falle Klänge angeboten wurden, ist ein Schlüssel zum Erfolg. Durch den Wechsel von in Musik gekleidete Anspannungs- und Entspannungsphasen kann sich eine optimale Nutzung unserer Lernenergien entwickeln.

Die Arbeit mit Klang ist auch eine wirkungsvolle Möglichkeit, um auf nichtsprachlicher Ebene Blockaden sowie Spannungen zu lösen und zu harmonisieren.
Daher kann sich durch Klänge auch die Anzahl von Fehlern bei Rechtschreibschwächen reduzieren. Auch hierzu wurden den Workshopteilnehmern Übungen angeboten, die dankbar angenommen wurden.

Ich würde mich freuen, wenn es gelänge, die Wichtigkeit und den Gewinn einer Arbeit mit Musik und insbesondere mit Klängen an Schulen deutlich zu machen.
Vielen Dank an die Workshopteilnehmer, die mir klar gemacht haben, dass ich bei meinen Bemühungen, den Klang an die Schule zu tragen, noch ganz am Anfang stehe und dass es in weiteren Jahren noch viel zu entdecken gibt.

Kostenlose Klangschalenkiste zum Experimentieren für Kindergarten und Schule

Unser Angebot für Sie!

Speziell für Kindergärten und Schulen stellen wir Ihnen eine Klangschalenkiste zum Experimentieren kostenlos und unverbindlich für mindestens zwei Wochen zur Verfügung.

Inhalt der Klangschalen-Kiste:

- Ein Himalaya-Klangschalensatz mit drei Klangschalen und Schlägeln
- Das Buch »Klang und Klangmassage in der Pädagogik«
- Das Video »Klangschalen – Mit allen Sinnen Leben und Lernen!«
- Eine Ausgabe der Fachzeitschrift KLANG-MASSAGE-THERAPIE zum Thema »Klangpädagogik nach Peter Hess®«
- Plakate

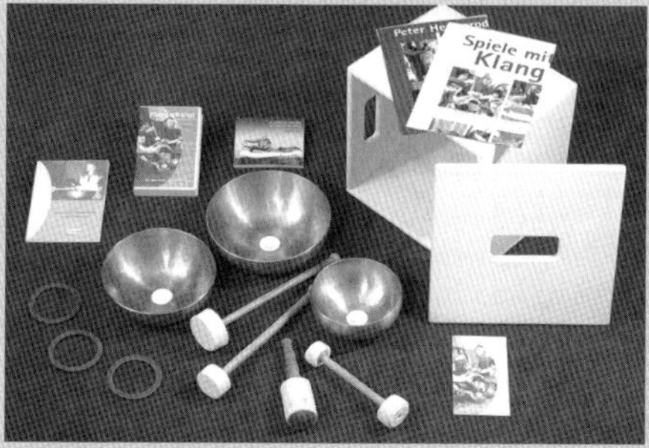

Kontakt:

Klaus Zurek, freier Mitarbeiter am Institut für Klang-Massage-Therapie
Telefon: 0049 (0) 5923-969627 · Fax: 0049 (0) 5923-969629 · E-Mail: info-klangschalenkisten@online.de
Ich berate Sie gern!

Workshop / Fortbildung: Wahrnehmungsförderung mit Klangschalen

Klangschalen und Klangmassage lassen sich auf vielfältige und bereichernde Art und Weise im Kindergarten- und Schulalltag einsetzen. Neben der entspannenden und beruhigenden Wirkung kann der Klang einer Klangschale hervorragend zur gezielten Wahrnehmungsförderung eingesetzt werden.

Das Institut für Klang-Massage-Therapie bietet Ihnen maßgeschneiderte Fortbildungsveranstaltungen zum Thema »Wahrnehmungsförderung mit Klangschalen« an. Diese Fortbildungsveranstaltungen richten sich an Mitarbeiter/innen von Kindergarten und Schule, die Klangschalen gezielt zur Wahrnehmungsförderung in der Gruppenarbeit einsetzen möchten.

In entspannter und lockerer Atmosphäre wird theoretisches Hintergrundwissen vermittelt, eigene Klangerfahrungen gesammelt sowie zahlreiche Anwendungsmöglichkeiten und Spiele mit Klangschalen werden erlernt. Sie erhalten Basisinformationen unter anderem zu den Themen:

- Wahrnehmen – Fühlen – Hören
- Erfahrungs- und Lernspiele mit Klangschalen
- Sensibilität in einzelnen Körperteilen erfahren
- Klang- und Fantasiereisen

Die Fortbildungsveranstaltungen werden von ausgebildeten Klangpädagogen/innen nach Peter Hess® in ganz Deutschland durchgeführt und können gezielt auf die Bedürfnisse Ihrer Einrichtung abgestimmt werden.

Klaus Zurek berät Sie gerne unter der Telefonnummer: 0049 (0) 5923 - 969627.

LEICHTER LERNEN MIT KLANG

Gaby Esser

Die vielen positiven Erfahrungen in der Arbeit mit der Klangmassage mit Kindern, Jugendlichen und Erwachsenen haben zur Entwicklung einer Methode für den pädagogisch-beratenden Bereich geführt, der Klangpädagogik nach Peter Hess® - Kreative Lern- und Lebensberatung. In Verbindung mit unterschiedlichen ressourcenorientierten Elementen bietet die Klangpädagogik eine wertvolle und unterstützende Interventionsmöglichkeit. Die Einsatzfelder für dieses lebensbegleitende Modell gestalten sich sehr vielfältig: Lernförderung, pädagogische Einzel- und Gruppenarbeit, Projektarbeit und vieles mehr.

Die Lernberatung stellt einen Schwerpunkt der Klangpädagogik dar. Daraus ist ein Konzept mit dem Titel »Effektiv Lernen - leicht gemacht!« entstanden, das sich an Lehrer, Erzieher, Eltern und Kinder gleichermaßen richtet.

Lernen ist ein wichtiger Bereich unseres Lebens – bis ins hohe Alter. Verschiedene Voraussetzungen müssen erfüllt sein, um leicht, konzentriert und fröhlich lernen zu können. Es gilt zu berücksichtigen, dass jeder von uns anders lernt – jeder ein anderer Lerntyp ist und damit auch unterschiedliche Hilfestellungen nutzen kann, um sich das Lernen zu erleichtern.

Leider verursacht Lernen – aus den unterschiedlichsten Gründen – bei vielen Menschen Stress. Hier kann die Klangmassage mit ihrer entspannenden Wirkung hervorragend ansetzen. Aus der modernen Lernforschung ist bekannt, wie wichtig Entspannung beim Lernen ist und wie wichtig es ist, assoziativ denken zu können. Dieses Wissen wird in der Lernberatung der Klangpädagogik in gezielten Klang-Settings und Fantasiereisen genutzt, um wieder Kontakt mit dem kindlichen Anteil in uns zu bekommen, der die Welt voll Neugier, Wissensdurst und Freude am Lernen entdecken will.

Mit gezielten Klangmassagen können die Lernbereitschaft gefördert, Blockaden erkannt und aufgelöst werden.
Entspanntes Sehen, Hören, Bewegen und Fühlen sind Grundvoraussetzungen für fröhliches und konzentriertes Spielen und Lernen. Neben der entspannen-

den und beruhigenden Wirkung kann der Klang einer Klangschale auch hervorragend zur gezielten Wahrnehmungsförderung eingesetzt werden. Der Schwerpunkt des Workshops lag daher auf der Sinnes- und Wahrnehmungsschulung, deren Stärkung und dem Erkennen von Ressourcen.

Es wurden verschiedene Spiele vorgestellt, mit denen gezielt sensitiver, taktiler, auditiver und visueller Sinn angesprochen und geschult werden. Dazu zählten zum Beispiel Spiele wie »Ich schenke Dir einen Klang« oder »Der Klang wandert durch viele Hände« (vgl. Zurek/Hess: »Klangschalen mit allen Sinnen spielen und lernen«, 2005). Den neuen Erfahrungen wurde nachgespürt und Ideen zur Integration in die Lernförderung erarbeitet. Spiele mit Bewegung und Wasser verdeutlichten darüber hinaus die unzähligen Möglichkeiten der Sinnesförderung.

Ein besonders wertvoller Effekt des Einsatzes von Klängen besteht auch darin, dass sich die Grundstimmung in einer Gruppe positiv verändert: Die Kinder werden gelassener, Leistungsbereitschaft und Konzentration steigen.

Im Workshop wurden außerdem die verschiedenen Lerntypen dargestellt, der eigene Lerntyp ertestet und entsprechende Hilfestellungen zur Unterstützung des jeweiligen Lerntyps vorgestellt und ausprobiert. Den eigenen Lerntyp zu erkennen und zu erleben, wie mit gezielten Hilfestellungen das eigene Lernverhalten selbstverantwortlich organisiert werden kann, ermöglicht eine positive Einstellung zum Lernen in jedem Alter. Das Wissen um die unterschiedlichen Lerntypen, wie zum Beispiel, dass ein visueller Lerntyp etwa Farben und Bilder benötigt, um leichter zu lernen, vertieften wir mit den eigenen Erfahrungen in Schule, Beruf und Freizeit und sammelten Anregungen, wie diese Erkenntnisse in der praktischen Arbeit in Schule und Beruf umgesetzt werden könnten.
Zum Abschluss wurde eine spezifische Klangmassage zum jeweiligen Lerntyp vorgestellt und erfahren.

KLANGMASSAGE MIT FÖRDERUNGSBEDÜRFTIGEN KINDERN

Phänomen Klangschale als wertvoller Baustein oder neuer Weg in der Sozialpädagogik?

Manuela Kainz

Wie können förderungsbedürftige Kinder durch Klangmassage und klangpädagogische Begleitung in ihrer freien und kreativen Entfaltung unterstützt werden? Gibt es Unterschiede in der Umsetzung der Klangmassage im Vergleich zu nichtbehinderten Kindern?
Welchen Wert hat besonders in diesem Bereich der lösungs- und ressourcenorientierte Ansatz?

Das vollständige körperliche Empfinden ist eine wichtige Voraussetzung für die Entwicklung von Gefühlen wie Geborgenheit und Sicherheit. Klangmassage vermag diese Gefühle zu vermitteln, was besonders für Kinder von einem enormen Wert ist.

In meiner klangpädagogischen Tätigkeit an Schulen arbeite ich einerseits mit Kindern, die aufgrund ihrer geistigen oder mehrfachen Behinderung auf besondere Förderung angewiesen sind, andererseits auch mit Kindern, die aufgrund ihres auffälligen Verhaltens nicht in eine Regelschule integriert werden können. Es sind jene Kinder, die »von der Norm abweichen«. Sie sind »anders« und fallen auf – es gibt Kinder, die Schwierigkeiten haben bei der Wahrnehmung, Kinder mit Lernproblemen, mit ADHS, Kinder, die durch Ängste und/oder Unsicherheiten Defizite aufweisen in Bereichen der sozialen Kompetenzen. All diese Problembereiche manifestieren sich unter anderem auch in gravierenden Schwierigkeiten in zwischenmenschlichen Beziehungen.

Klang wirkt...

Die auf dem Körper stehenden Klangschalen werden zum Schwingen gebracht. Dabei dringen die Schallwellen durch den Körper bis in die Organe und Zellen hinein und lösen Blockaden auf sehr sanfte Weise harmonisch auf. Dieser Klang wirkt »unwiderstehlich«. Er durchdringt nicht nur Materie, sondern umgeht auch einfach den skeptischen Verstand. Der Klang kümmert sich einfach nicht um die Gedanken, sondern *wirkt*! Aus diesem Grund ist die Anwendung der Klangmassage bei Menschen mit Behinderungen von unschätzbarem Wert – scheinbare Grenzen lösen sich auf.

Wie kann Klangmassage in einer Schule für Kinder mit besonderen Bedürfnissen angeboten werden?

Die Arbeit mit Klangschalen birgt in sich die wunderbare Chance, auf nonverbaler Ebene zu kommunizieren und auch so einander zu verstehen. Ich meine, dass wir uns mit Hilfe der Klänge berühren lassen, wodurch die Möglichkeit geschaffen wird, einander zu begegnen. Vielen Menschen mit geistiger Behinderung ist es nicht möglich, sich über Sprache mitzuteilen. Auch verschiedene Situationen oder Dinge des Lebens zu verstehen und mit dem Intellekt zu begreifen und/oder einzuordnen, kann kleine – manchmal auch große – Schwierigkeiten bereiten. Die Klänge finden ihren Weg zu den Menschen und kennen keine Grenzen.

Menschen mit Behinderung (geistig und/oder mehrfach) sind meiner Erfahrung nach oft besonders neugierig und offen. Auf das Angebot Klangschale lassen sie sich mit Freude und Begeisterung ein, ihre Experimentierfreude und Fantasie scheint manchmal grenzenlos und unerschöpflich. Mein Erfahrungsbereich in der Arbeit mit Kindern erstreckt sich von leichter geistiger Behinderung bis hin zur schweren geistigen und mehrfachen Behinderung.

Die einfachste Art und Weise die Zellen anzusprechen ist durch Schwingung. Schwingungen als Einfluss von außen verursachen ein Mitschwingen oder in Resonanz treten der Zellen. Schwingungen sind für jeden wahrnehmbar, als Geräusch, Vibration, Farbe und Form. Auch Gehörlose oder Gehörbehinderte nehmen Schwingungen auf.

Alles was ich für ein derartiges Schauspiel benötige, ist eine Klangschale – gefüllt mit Wasser oder mit buntem Sand. Kinder können davon gar nicht genug bekommen und schlagen die Schale immer wieder an, um dann staunend die dabei entstehenden Muster im Wasser (oder Sand) zu betrachten, Muster, die einer ständigen Veränderung unterworfen sind.

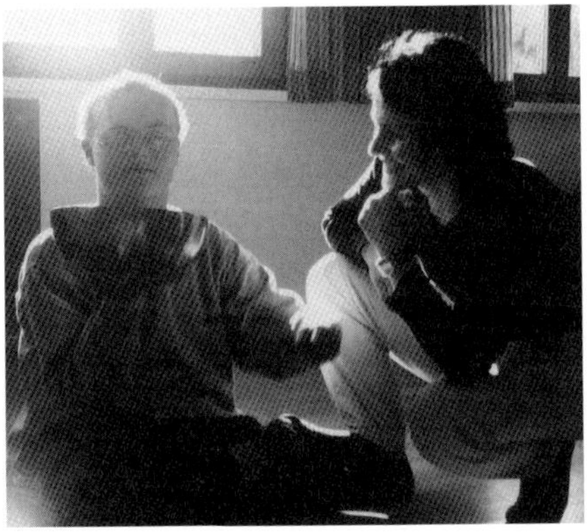

Manuela Kainz bei der Klangarbeit

Klangmandala in einer mit Wasser gefüllten Klangschale

Gruppenarbeit in der Schule

Einstieg durch Kontaktaufnahme mit Material und Klang:

Die Töne, die die angeschlagenen Klangschalen entwickeln, sind natürlich und harmonisch und wirken grundsätzlich angenehm auf das Gehör, den Körper und das vegetative Nervensystem – für die meisten Kinder sind die ersten Klangerfahrungen positiv. Mich persönlich begeistert stets die unmittelbare Reaktion der Kinder. Ohne falsche Scheu zeigen sie sowohl die für sie spürbare Ablehnung als auch die Freude in der Auseinandersetzung mit dem Klang und mit sich selbst.

Bei vielen Kindern ist der erfahrene Stress so intensiv, dass sie sich infolge starker Muskelverhärtung selbst kaum noch spüren. Es kann auch eine Körperbehinderung der Grund dafür sein.

Aspekte in der Arbeit mit Klangschalen:

- Mit Klang Aufmerksamkeit für einzelne Körperteile erzeugen
- Körperstelle aussuchen – mit jeder Klangwelle wird der Körper mehr und mehr gespürt
- Da Kommunikation vor allem auf nicht-sprachlicher Ebene (nonverbal) stattfindet, können auch Schüler mit sprachlichen Schwierigkeiten integriert werden
- Motorische Schwierigkeiten können im Umgang mit der Klangschale »ENT-machtet« werden

- Eine sehr schöne Übung, um das bewusste Dosieren des Anschlagens der Klangschale zu lernen, das Anschlagen einer mit Wasser gefüllten Klangschale
- Die Kinder genießen den Umgang und die Arbeit mit den Klangschalen sehr. Ihre Reaktionen auf die Wirkung der Klangschwingung ist oft viel unmittelbarer und deutlicher – besonders hinsichtlich des Stoffwechsels
- Kinder mit Down-Syndrom fallen mir in meiner Arbeit immer wieder durch besonders intensiv gezeigte Freude auf. Ferner sind es auch immer diese Kinder, die motiviert waren, unbedingt die Rollen zu wechseln und auch mir (in der Einzelarbeit) eine Klangmassage zu geben. Sie genießen es und wollen dann auch anderen *Gutes tun*, erfreuen sich an ihrer sozialen Kompetenz

Fantasiereisen:
Nach dem Aktivieren durch Klangspiele gehe ich oft über in das »gemeinsam in die Stille« gehen. Wie bereits Albert Einstein sagte: »Fantasie ist wichtiger als alles Wissen!«
Fantasiereisen sind nicht auf das rationale Verstehen ausgerichtet, sondern sprechen unser Unterbewusstsein an und berühren uns.
Kinder nehmen über alle Sinne wahr und werden durch eine sinnliche Gestaltung der Fantasiereise am schnellsten angesprochen. Die Klänge der Klangschalen berühren mehrere Sinneskanäle und geben so dem Zuhörer mehrere Möglichkeiten, die Fantasie spielen zu lassen. Sie führen den Zuhörer in einen leichten Trancezustand, der sich bei einer Fantasiereise in einer reduzierten Außenwahrnehmung und einer Fokussierung auf das innere Erleben manifestiert.

In Gruppen lassen sich einfache Klangreisen anbieten, wobei ich mit den Kindern auf unterschiedlichste Weise versuche, das Erlebte in kreativer Weise auch zum Ausdruck zu bringen. Sehr gern verwenden viele der Kinder, die ich begleite, Farben – sie lassen Gefühle und die Klänge »bunt« werden.

Beim Arbeiten in der Gruppe ist es immer spannend, den »richtigen Zeitpunkt« für ein Angebot zu finden. Besonders wichtig ist es, dem Kind Zeit zu lassen, um vom »Ich« aus die nächste Herausforderung anzunehmen. Hier beweist sich der Satz von Laotse: »In der Ruhe liegt die Kraft«. Das scheint mir eigentlich am wichtigsten zu sein. Kreativität kann besonders im Innehalten und sich Zeit nehmen entstehen!

Wo sehe ich den Unterschied zur Arbeit mit Kindern »ohne besondere Bedürfnisse«?

Wenn ich jeden Menschen in seiner Einzigartigkeit wahrnehme (ich versuche es – und das ist mein persönlicher Ansatz), so stellt sich diese Frage nicht wirklich. Dennoch gibt es Faktoren, denen wir verstärkt Beachtung schenken sollten:

- Wenn sich ein Mensch nicht artikulieren kann, dann muss ich genauer auf feinste Signale (oft körperliche Reaktionen) achten – versuchen, die Sprache des Kindes zu verstehen
- Klang will anfangs vielleicht nur indirekt erlebt werden. Es ist wichtig, gemeinsam die Grenzen auszuloten
- Oberste Priorität für mich ist immer, genügend Raum und Zeit für individuelle Erfahrungen zu geben

In der Arbeit mit förderungsbedürftigen Kindern gilt für mich: »So wenig wie möglich, so viel wie nötig!«

***Zeit* – ein ganz wichtiger Faktor in der Arbeit mit Kindern**

»Das Gras wächst nicht schneller, wenn wir daran ziehen!«, ein Gedanke, der vielleicht einigen von Ihnen vertraut ist und mich immer wieder aufs Neue berührt.

Der Wert der Langsamkeit wird besonders deutlich, wenn man den abenteuerlichen Weg geht, Kinder mit besonderen Bedürfnissen zu betreuen – zu fördern und zu begleiten.

Diese Kinder sprengen den Rahmen und signalisieren, dass sie mehr körperliche Lernerfahrungen in Form ständiger Wiederholungen brauchen, und zugleich reagiert ihre Seele besonders empfindlich.

Motorische Unruhe, mangelnde Konzentrationsfähigkeit und auch die Entwicklung von Wahrnehmungsstörungen sind oftmals die Folgen unserer

überreizten Zeit, die Kindern Druck macht und Stress verursacht. Das »Gespür« für den eigenen Körper und seine Bedürfnisse geht oftmals verloren. Vermehrte Aggression der Kinder resultiert oft aus auftretenden Unsicherheiten sowie vermindertem Körperbewusstsein. Als Folge daraus werden auch die Grenzen der Anderen nicht mehr in realistischer Weise wahrgenommen.
Kann man keinen Bezug zu sich selbst aufbauen, ist als Konsequenz der Selbstwert sehr niedrig.
Die klangpädagogische Arbeit nach Peter Hess® will mit Hilfe der Klänge die Aufmerksamkeit von außen nach innen lenken, Stille und Bewegung am und im Körper spüren.

Auswirkungen auf Lernerfolge?
Klang gibt Sicherheit! Sicherheit stellt eine wichtige Grundlage für eine gesunde Entwicklung des Kindes dar. Wenn sich Kinder sicher fühlen, können sie besser wahrnehmen, fühlen und somit erheblich besser lernen. Die dadurch vermehrt eintretenden Lernerfolge ermutigen und bekräftigen das Kind in seinem Tun.

Welchen Wert hat der lösungs- und ressourcenorientierte Ansatz der Klangpädagogik nach Peter Hess® in der Arbeit mit förderungsbedürftigen Kindern?
Grundsätzlich erscheint es mir wichtig und notwendig, das Kind in seinem »so-Sein« zu respektieren. Der Leitsatz der Klangmassage lautet: »Das Gesunde im Menschen stärken!« – was beim klangpädagogischen Arbeiten noch mehr im Zentrum steht und unterstrichen wird. Jeder Mensch hat einen gesunden Kern und den gilt es zu unterstützen (soweit uns das möglich und erlaubt ist) – damit der Mensch mit sich und seiner Umwelt in Ein-Klang leben kann.

Oft muss ich mich wie ein Detektiv auf die Suche nach einer Ressource machen, auf die ich aufbauen kann, indem ich sie bewusst in den Vordergrund stelle.

Vorrangig geht es mir um die Vermittlung des Gefühls: »Du bist in Ordnung, so wie du bist!«

Die Ziele der Klangpädagogik liegen in der Förderung einer kreativen Persönlichkeit, die ihre schöpferischen Kräfte zum Ausdruck bringt. Hierzu zählen:

- Stützung gesunder Persönlichkeitsanteile
- Entwicklung neuer Wahrnehmungs- und Erlebnismöglichkeiten
- Stärkung von Selbstbewusstsein und Selbstwertgefühl
- Förderung von Sensibilität
- Förderung der Ausdrucksfähigkeit und Kreativität

Besonders in der Einzelarbeit dient dieser Weg einem Nachreifen von persönlichen Defiziten beziehungsweise wenn dies nicht möglich ist, der Förderung der Bereitschaft, neue Perspektiven zu suchen, um sich mit diesen Defiziten im Leben zurecht zu finden.

Klangprojekt

Wirkliche Begegnung ist nur möglich, wenn wir wahrnehmen – uns selbst und andere!

Förderung zwischenmenschlicher Begegnung auf der Brücke Klang:

Begegnung von ...

... Jung und Alt ...

... Menschen mit und ohne Behinderung ...

Bei dem hier beschriebenen Projekt ging ich mit Kindern einer allgemeinen Sonderschule in ein Pflegeheim, um dort alten Menschen die Klänge vorzustellen. Die Kinder verfügten über reichlich Selbsterfahrung in der Klangarbeit. Gemeinsam reisten sie mit den Bewohnern des Pflegeheims in die Welt der Klänge und machten den alten Menschen die Klangschale als Medium für positive Sinneserfahrungen erlebbar. Ein unvergesslicher Tag für alle Beteiligten, der vom Gedanken geleitet war: »Ich schenke dir einen Klang«.

Eine Bewohnerin badet ihre Füße in Klang

Eine Schülerin zeigt einer Bewohnerin die Vibration der Klänge

Meine persönlichen klangpädagogischen Erfahrungen in der Arbeit mit Kindern an Schulen zeigen folgende Auswirkungen:

- Steigerung der Motivation und Lernfreude in der Schule
- Abbau von körperlicher Anspannung und seelischem / geistigem Stress
- Stärkung des Urvertrauens und des Selbstwertes
- Steigerung von Konzentration und Ausdauer
- Erweiterung sozialer Kompetenzen – neue Wege in der Begegnung werden ausprobiert und gegangen

Mein persönlicher Ansatz lässt mich kaum einen Unterschied machen, ob ich mit Kindern mit oder ohne Behinderungen arbeite – wichtig ist, dass ich nicht zu viel erwarte beziehungsweise fordere, ihnen Zeit gebe und stets Angebote setze, Angebote, die angenommen oder auch abgelehnt werden können.

Eine Bewohnerin – ist sichtlich erfreut über die Klänge

KLANGMASSAGE BEI MENSCHEN MIT BEHINDERUNGEN

Anne Glock und Dagmar Wenzel

Die Teilnehmer des Workshops kamen aus verschiedenen Arbeitsbereichen wie Schule, Werkstatt für Behinderte, Wohnstätte für Behinderte, Tagesförderstätte, Familie.
Unser Anliegen war es, den Teilnehmern Mut zu machen, die Methode Klangmassage nach Peter Hess® in ihre tägliche berufliche Arbeit zu integrieren. Schwerpunktmäßig sprachen wir in unserem Workshop mit den Klangschalen die Bereiche Körperumfeld (Aura) und die taktile Wahrnehmung an.

Unsere Philosophie in der Arbeit mit Klangschalen bei Menschen mit Behinderungen ist getragen von folgendem Menschenbild:

- Menschen mit Behinderungen sind wie andere auch
- Alle Menschen sind verschieden und doch gleich
- Verschieden zu sein ist normal, denn jeder ist einzigartig und unverwechselbar
- Menschen mit Behinderungen haben die gleichen Rechte wie alle Bürger
- Auch wer nicht rechnen kann, zählt mit
- Auch wer nicht sprechen kann, hat viel zu sagen
- Menschen mit Behinderungen haben dieselben Grundbedürfnisse wie andere auch
- Wie andere auch, finden Menschen mit Behinderungen Geborgenheit in ihrer Familie
- Wie andere auch, möchten sich Kinder mit Behinderungen entwickeln, Kindergarten und Schule besuchen, mit anderen spielen und lernen. Kinder brauchen Kinder
- Wie andere auch, möchten Menschen mit Behinderungen zur Arbeit gehen
- Wie andere auch, entwickeln sich Menschen mit Behinderungen zu Mann und Frau, haben ein Recht auf Sexualität und Partnerschaft
- Wie andere auch, brauchen Menschen mit Behinderungen Freunde, gestalten ihre Freizeit, sind kreativ
- Wie andere auch, wünschen sich Menschen mit Behinderungen, in Würde alt zu werden

Daraus folgt für die Arbeit mit den Klangschalen:

- Der Klang ist ein Angebot auch für Menschen mit Behinderungen
- Der Klang bringt Entspannung, Sicherheit und Ordnung, Verhaltensauffälligkeiten verändern sich, Aggressionen werden quantitativ und qualitativ geringer
- Der Klang bringt Menschen mit Behinderungen in Harmonie, weckt die Kreativität, das Selbstbewusstsein wird gestärkt oder neu entwickelt
- Der Klang kann Lernblockaden verändern. Der Wahrnehmungsbereich wird gefördert, das Körpergefühl verändert sich, und die Selbstheilungskräfte werden angeregt

Uns war es wichtig zu vermitteln, dass die Klangarbeit bei Menschen mit Behinderungen stets mit erhöhter Achtsamkeit und Sorgfalt gestaltet werden muss, da sich ihre Bedürfnisse in der Regel anders darstellen als bei Menschen ohne Behinderungen. Unser Vorgehen steht unter dem Motto »weniger ist mehr«, denn der Klang ist sehr machtvoll. Der Klang kann besonders gut mit einer spielerischen Einführung näher gebracht werden, beispielsweise dadurch, dass eine Klangschale in der Arbeitsgruppe steht. Positive Klangerlebnisse mit vielen Wiederholungen, wie unter anderem Klang-Fingerspiele, Geschichten gestalten, stehen hierbei im Vordergrund.
In der Elternarbeit kann mit den Klangschalen auch ein »Elterngeschenk« gestaltet werden.

Workshopablauf
Vorstellungsrunde mit der Klangschale »Ich schenk Dir einen Ton!«
Name – Arbeitsbereich – Wünsche und Erwartungen – eigene Praxiserfahrung mit Klang

Stationen für die Praxis

- Wasser und Farbe (eine Schale mit roter Farbe und eine Schale mit blauer Farbe füllen, die Schale auf ein Blatt Papier stellen und anschlagen, so dass die Farbe spritzt, die fertigen Klangbilder können noch mit einem Rahmen gestaltet werden)

- Auraarbeit: Türmchen bauen mit Klangschalen - »Klangpyramide« - und dabei beachten, dass von den dunklen zu den hellen Tönen gebaut wird; vorher auf einen Zettel den Namen mit der linken beziehungsweise kontralateralen Hand schreiben und nach der Übung den Namen noch einmal schreiben - eine Veränderung wird sichtbar
- Klangmassage mit einer Beckenschale für Bauch und Rücken
- Gesprächsaustausch über eigene Erfahrungen der Teilnehmer
- Fotomaterial von Menschen mit Behinderungen und unserer Klangarbeit
- Klangbilder, die von Menschen mit Behinderungen erstellt wurden
- Vergleichende Lernprotokolle von Menschen mit Behinderungen vor einer Klangbehandlung und nach einer Klangbehandlung

Abschlussrunde und Austausch

Die Teilnehmer berichten, dass sie durch die Übungen im Workshop und den Austausch Mut gefunden haben, erste Schritte in die Praxis umzusetzen. Die Klangbilder und die Übung »Türmchen bauen« wurden sehr gut von den Teilnehmenden angenommen. Einige Teilnehmer konnten auch ihre eigenen Erfahrungen, die sie in der Praxis gemacht hatten, einbringen.

Aus der Praxis

Seit Jahren setzen wir in einer Werkstatt für behinderte Menschen, bei denen die verschiedensten Behinderungsarten vorkommen, die Klangmassage nach Peter Hess® ein. Hierzu gehören unter anderem Verhaltensauffälligkeiten, Aggressionen und Autoaggressionen in den unterschiedlichsten Schweregraden. In unserer Arbeit geht es darum, die Menschen entsprechend ihrer Behinderung in den Arbeitsprozess einzugliedern und zu fördern. Durch den Einsatz der Klangschalen konnte ich beobachten, dass Menschen mit Behinderungen:

- Gerne mit den Klangschalen arbeiten
- Selbst aktiv werden und ausprobieren wollen
- Sich gegenseitig Klänge geben

Darüber hinaus konnten folgende Auswirkungen festgestellt werden:

- Die Klangschalen und Klänge stellen eine Abwechslung im Arbeitsalltag dar
- Die Klänge motivieren für die Arbeit, machen die Menschen mit Behinderungen wacher und konzentrierter
- Aggressionen sind vermindert, Stimmungsschwankungen können aufgefangen werden
- Die Klänge unterstützen das Erlernen neuer Arbeitsschritte
- Durch die Klänge wird die Körperwahrnehmung verbessert und das Selbstbewusstsein gestärkt

Fallbeispiele*

Peter ist aggressiv und wird manchmal Arbeitskollegen gegenüber tätlich. Gemeinsam lassen wir uns auf eine Klangarbeit in der Aura ein. Peter sitzt dabei, und ich schlage die Klangschale sanft in seinem Körperumfeld an. Er erzählt während der Klangmassage viel, danach ist er ruhig und trägt die Klangschale in die Gruppe zurück, wo sie ihren festen Platz hat. Den restlichen Arbeitstag über bleibt Peter unauffällig.

Thomas erträgt keine Berührungen. Er lässt sich nicht an den Händen anfassen, versucht man es dennoch, wird er aggressiv. Jedoch kann Thomas es zulassen, dass man seine Hand von unten unterstützt, wenn eine Klangschale auf ihr angeschlagen wird. Der Körperkontakt darf bestehen bleiben, solange die Klangschale auf seiner Hand steht und angeschlagen wird.

Oliver ist Rollstuhlfahrer. Nach einer Klangmassage auf seinem Rücken berichtete er, dass er Körperbereiche spüren konnte, zu denen er sonst keinen Kontakt hatte.

Bei **Renate** konnte ich beobachten, dass sie durch die Klangmassage an Selbstvertrauen gewann, was sich dadurch äußerte, dass sie lauter und deutlicher sprach als sonst.

* Name geändert

SNOEZELEN UND KLANG

Manuela Kainz

Die Kombination von Snoezelen und Klang ist ein Thema, das immer mehr Menschen interessiert und mit dem sich auch auf dem 3. Klang-Kongress in Dortmund viele Menschen begeistert auseinandergesetzt haben.

Snoezelen – Was steckt dahinter und wie kann es verstanden werden?

Snoezelen ist eigentlich ein Kunstwort, das sich aus zwei holländischen Verben zusammensetzt und mit »schnuppern« und »dösen« übersetzt wird.
Vor über zwanzig Jahren wurde Snoezelen in Holland als reines Freizeitangebot für Menschen mit schwerer geistiger Behinderung entwickelt. Das Kunstwort Snoezelen wurde in einer Wortspielerei von zwei Zivildienstleistenden in der Anstalt Haarendael in Haaren zusammengewürfelt. Es bildet die Verbindung von »sniffelen« (riechen, schnüffeln) und »doezelen« (ruhen, dösen).
Die Begründer, Hulsegge und Verheul, definieren Snoezelen als das bewusst ausgewählte Anbieten primärer Reize in einer angenehmen Atmosphäre. Primäre Aktivierung, vor allem auf sinnliche Wahrnehmung und sinnliche Erfahrungen ausgerichtet, geschieht mit Hilfe von Licht, Geräuschen, Gefühlen, Gerüchen und durch den Geschmacksinn. Beim Snoezelen geht es also darum, über die Sinne des Menschen (optisch, akustisch, gustatorisch, olfaktorisch und taktil) sowohl stimulierende als auch entspannende Reizangebote zu vermitteln.

Neue Zugangsweisen – Welche Sinne werden angesprochen und wodurch?

Ausgehend von der Feststellung, dass Menschen mit Behinderung, trotz cerebraler Beeinträchtigung, sinnliche Erfahrungen machen können, wurden mit dem Snoezelen-Konzept neue Zugangsweisen erarbeitet, um die Sinneswahrnehmung verstärkt anzusprechen:

1. Snoezelen ist primär als Geschehen zu betrachten, das Entspannung als beruhigendes Element im Auge hat und – ursprünglich verstanden – nicht Therapie oder Förderung in den Mittelpunkt stellt.

2. Nach dem Motto: »Du musst nichts tun, alles ist erlaubt«, wird darauf hingewiesen, dass es hier nicht um Leistung geht, denn *Tun bedeutet hier geschehen lassen*!

► Gegenstände besitzen nicht zwangsläufig die Funktion, für die sie im Grunde konzipiert und konstruiert worden sind, vielmehr ist der Gebrauch dem Betreffenden selbst überlassen. Wenn jemand beispielsweise an einer zum Vermitteln verschiedener Gerüche hergestellten Apparatur nicht riechen, sondern deren Ständer nur in kreisende Bewegungen bringen will, muss dies von uns akzeptiert werden.
► Snoezelen ist als Brücke und Tor zu verstehen, wobei die individuelle Bedürfniserfüllung – mit weitgehender Selbstbestimmung – im Vordergrund steht.

3. Snoezelen ist ein Angebot, das sich auf die sinnliche Wahrnehmung richtet – auf unsere fünf Sinne: Sehen, Hören, Fühlen, Riechen und Schmecken.

4. Durch eine abgestimmte Kombination von Lichteffekten, Musik, Vibration, taktiler Stimulation und Aromatherapie wird das Spiel der Sinne individuell erlebbar.

5. Es ist ganz wichtig, dass die Reize selektiv angeboten werden, so dass sich der behinderte Mensch auf nur eine Sinneswahrnehmung – zum Beispiel auf das Tasten – konzentrieren kann. Auf diese Weise ist es möglich, die Sinne in der Tiefe anzusprechen anstatt in der Breite.

6. Als Prinzip gilt dabei, dem schwerstbehinderten Menschen soweit wie möglich Freiraum und Zeit zu lassen, selbst auszuwählen, beziehungsweise anzuzeigen, welche Reize er als angenehm empfindet, worauf er sich länger konzentrieren oder womit er sich beschäftigen möchte.
► Empfindungen sind individuell und können deshalb sehr unterschiedlich und auch gegensätzlich sein.

7. Dabei soll die Motivation des behinderten Menschen nicht von dem Begleiter/Therapeuten, sondern von den Dingen im Raum selbst ausgehen. Material und Umgebung sollen so einladend und anregend sein, dass schwerstbehinderte Menschen aktiviert werden, zum Beispiel nach etwas zu greifen, sich auf eine weiche Matte zu legen, usw.

8. Die Nutzer des Snoezelen-Raums empfinden wohltuende Entspannung, ihre Atmung verläuft gleichmäßiger – sie genießen das »Hier und Jetzt«.

Die Rahmenbedingungen ermöglichen es, die Seele baumeln zu lassen, Hektik und Stress des Alltags zu vergessen.

Diese Snoezelen-Erfahrung kann auch durch andere Techniken erreicht werden, wie zum Beispiel durch Autogenes Training, Yoga, Meditation oder Klangmassage nach Peter Hess®.

Fallbeispiel: Christian*

Seit vierzehn Jahren begleite ich in meiner Tätigkeit als Sozialpädagogin in einer Einrichtung, in der schwerstmehrfachbehinderte Menschen leben, einen jungen Mann mit geistiger Behinderung und verbringe mit ihm seit sechs Jahren jede Woche eine Stunde im Snoezelen-Raum. Für ihn ist es ganz wichtig, dass die Einheit mit Bewegung und vielen Reizen beginnt. Die Musik muss laut sein und darf keinesfalls entspannend wirken – sie soll einen bewegten Charakter haben.
Eines der wichtigsten Teile in diesem »Setting« ist, dass ich nicht nur anwesend, sondern auch aktiv bin und zwar genauso wie mein »Partner«.

Aufgestaute Aggressionen werden abgebaut, der Bewegungsdrang und die Sehnsucht nach vielen Reizen (Musik, verschiedene Lichtreize, Bälle zum Werfen, etc.) wird gestillt. Manchmal dauert dieses Ritual nur zwei Minuten, manchmal auch 15 bis 20 Minuten. Würde es aber aus irgendeinem Grund nicht stattfinden, wäre die darauf folgende Entspannungsphase kaum oder gar nicht möglich.

Es hat einige Monate gedauert, bis dieses Ritual entwickelt war. In kleinen Schritten lernte der junge behinderte Mann verschiedenste Angebote des Raumes kennen und wagte dann auch zu entscheiden, was er möchte und was nicht. Vor einigen Jahren noch stellte es für ihn ein großes Problem dar, verbal eine Grenze zu ziehen und ja oder nein zu sagen. Wenn er sich nun wünscht, dass »ganz viel leuchtet, dass wir tanzen und uns nicht ruhig verhalten«, und ich versuche nach dem Grundsatz: »Du musst nichts tun, alles ist erlaubt!« zu handeln, dann kann vieles entstehen – so auch dieses Ritual. Mir ist wichtig, den behinderten Menschen dort abzuholen, wo er steht. Ich lasse ihn wie er ist und mache ihm nur Angebote.

* Name geändert

Wenn dieser für Christian so wichtige Teil erfüllt ist, dann lächelt er und sagt: »Jetzt eine ruhige Musik!« Für mich ist es dann Zeit, ihn das nächste Stück unseres gemeinsamen Weges zu begleiten. Sehr oft äußert er dann auch: »Die Schalen, die helfen, dass der Rücken nicht weh tut!«. Die Klangmassage erlebt er als eine wohltuende und durchdringende Massage mit einem tief entspannenden Effekt, die seinen schmerzenden Muskeln Linderung bringt. Die Ruheposition, in welcher er sich dann befindet, vermittelt das Gefühl der »Schwerelosigkeit«, was auch eine wirksame Entlastung von Schultern, Rücken und Wirbelsäule bedeutet. Christian genießt es dann, ruhig dazuliegen und sich selbst zu spüren.

Wie passen nun Klangschalen oder die Methode der Klangmassage nach Peter Hess® zu diesem Konzept?
Wo entdecke ich Verbindungspunkte und wie kann eine Symbiose aus beiden Ansätzen aussehen?

Meine persönlichen Antworten zu diesen Fragen:
Wie durch den Förderansatz der Basalen Stimulation kann auch durch Snoezelen gezeigt werden, dass jeder lebende Mensch in der Lage ist, in einen Austauschprozess mit seiner Umwelt zu treten. Bei geeigneter Wahl der Medien und der Angebote ist selbst dann Kommunikation und Interaktion zwischen Menschen möglich, wenn schwerste Behinderungsformen zunächst alle Aktivitätsmöglichkeiten zu blockieren scheinen.

Gerade die Klangschale ist nach meiner Erfahrung ein Instrument, das in der pädagogischen Arbeit als Medium für Menschen mit geistiger und mehrfacher Behinderung als Hilfe zum ganzheitlichen Wohlbefinden eingesetzt werden kann und soll. Sie ermöglicht eine Kommunikation auf nonverbaler Ebene - sie setzt weder intellektuelles Verstehen voraus, noch kennt sie die Barrieren, die Sprache uns oft setzt.

Wenn ich einem behinderten Menschen eine Klangschale anbiete, dann kann ich mich schon manchmal wundern, auf welche Art er dieses neuartige Objekt erkundet (beschnuppern, abschlecken, an die Zähne schlagen, aufsetzen und vieles mehr). Doch allein dadurch, dass ich ihn einfach lasse, gebe ich ihm die Möglichkeit, aktiv zu sein, Neugier zu entwickeln und sich eben auf seine Art damit zu beschäftigen.

Eigenständigkeit sollte, wo immer dies möglich ist, unterstützt und gefördert werden. Wahlmöglichkeiten müssen geboten sein, selbst wenn es sich von außen um belanglose Nebensächlichkeiten zu handeln scheint. Für das Selbstwertgefühl und Wohlbefinden des betreffenden Menschen sind sie von großer Bedeutung.

Klangmassage mit behinderten Menschen verlangt eine sehr genaue Beobachtungsgabe, um die Situation richtig einschätzen zu können und eine mögliche Überforderung zu vermeiden. Da die wenigsten der Bewohner, die ich betreue, der Sprache mächtig sind, konzentriere ich mich auf kleinste Reaktionen, die sich sehr oft im Gesicht, durch die Mimik, abzeichnen. Keine Einheit ist wie die andere, da die Reaktionen sehr stark von der Tagesverfassung abhängen, die sich auch während der Situation ständig verändern kann. Die Bewohner gestalten immer mit und lassen so manche Betreuungseinheit in schillernd bunten Farben leuchten.

Klangschalen dienen als Hilfe zum ganzheitlichen Wohlbefinden.

Klangmassage im Wasserbett

Eine geheizte Wassermatratze schmiegt sich dem Körper an und bietet bei gleichmäßiger Druckverteilung optimale Lagerung und Unterstützung. Selbst kleinste Bewegungen werden vom Wasser weitergeleitet und können so vom Benutzer empfunden werden. Ein »Klangbad« im Wasserbett kann ein einzigartiges und sehr intensives Erlebnis sein – Schwingungen werden unmittelbar weitergeleitet, direkter als bei »normalen« Unterlagen.

Warum können Snoezelen und Klangmassage so gut kombiniert werden?

Wie beim Snoezelen sind auch bei der Klangmassage das »auf sich wirken lassen« und das »angenehme passive Genießen« grundsätzliche Ziele. Durch das intensive Erleben werden die Sinne in der Tiefe angesprochen.

Die Klangmassage ermöglicht, dass wir uns in sehr kurzer Zeit tief entspannen können. Genauso, wie wir Nichtbehinderten ein Bedürfnis nach Ruhe, Ausgleich und Wohlbefinden haben, sehnt sich der Mensch mit Behinderung nach diesem Harmoniegefühl.

- Stress als kollektives Zeitphänomen betrifft auch den behinderten Menschen, wenn die Ursachen auch andere sind als beim nichtbehinderten Menschen (Reizüberflutung im Alltag, die aufgrund von Wahrnehmungsstörungen nicht sortiert werden kann).

- Die Arbeit mit den Klangschalen bietet uns die Möglichkeit, Menschen (egal ob behindert oder nicht) zu begleiten, wieder in dieses ursprüngliche Gefühl der Einheit einzutauchen und einmal die Seele baumeln zu lassen.

- Geistig und mehrfachbehinderte Menschen sind besonders auf ihren Körper angewiesen, um sich ihre Umwelt erfahrbar zu machen. Durch die Arbeit mit den Klangschalen können unter anderem Impulse zur Verbesserung der Körperwahrnehmung angeboten werden.

- Abbau von Spannungen ist ebenfalls ein wichtiges Element in der Arbeit mit Klängen. Menschen mit Behinderungen versuchen oft, ihren Spannungspegel zu senken, indem sie sich oder andere verletzen. Meiner Erfahrung nach reduzieren sich Auto-/Aggressionen durch den regelmäßigen Einsatz von Klangschalenarbeit, was sich durch Ausgeglichenheit und Zufriedenheit bei den Menschen mit Behinderungen sehr deutlich zeigt.

Fallbeispiel: Erika*

Unter anderem arbeite ich mit einer Frau, die nicht sprechen kann und nur über Hörreste verfügt. Bevor ich in der Arbeit mit ihr Snoezelen und speziell Klang einsetzte war ihr Verhalten von ausgeprägten Autoaggressionen gekennzeichnet. Sehr rasch reagierte sie auf das gesetzte Angebot mit einer Veränderung ihres Gemütszustandes, was auch in ihrem Wohnbereich beobachtet wurde. Ihre Gesichtszüge veränderten sich während der Klangmassage sehr, in ihrem Gesicht schien »die Sonne aufzugehen«. Wichtig zu betonen ist, dass als Folge dieser Betreuung die Verletzungen, die sie sich ständig zugefügt hatte, erheblich weniger wurden. Heute greift sie nur ganz selten auf diese einst sehr vertrauten Verhaltensmuster zurück.

Erfahrungen werden zu Erinnerungen – Wert der Praxis

Im Snoezelen-Raum konnten die Teilnehmer meines Workshops den positiven Wert der Snoezelen-Atmosphäre an sich selbst erfahren, was viel Staunen,

* Name geändert

Lächeln, Genießen auslöste und bewirkte. Die Teilnehmer waren sehr aktiv in der Umsetzung verschiedener Übungen mit den Klangschalen im Therapieraum, schenkten sich gegenseitig Entspannung und setzten positive, angenehme Sinnesreize. In der Selbsterfahrung wurden viele Fragen beantwortet und so wurde auch die Lust auf mehr geweckt. Die Teilnehmer waren sehr motiviert, in ihrem Arbeitsfeld ähnliche Wege zu gehen - begleitet von der Klangschale.

Klangschalen in der Badewanne?

Besonders beeindruckend ist die Umsetzung von Klang im Wasser. Für den Workshop konnten wir ein besonderes Badezimmer nutzen, in dem auch Lichteffekte verwendet wurden. Eine spezielle Badewanne mit Whirlpool war das Herzstück des Raumes.
Eine Klangschale schwimmt im mit Duftöl versetzten Badewasser und wird sanft angeschlagen. Die Klangschale tanzt, singt, vibriert und fasziniert.

Klang erleben in der Badewanne

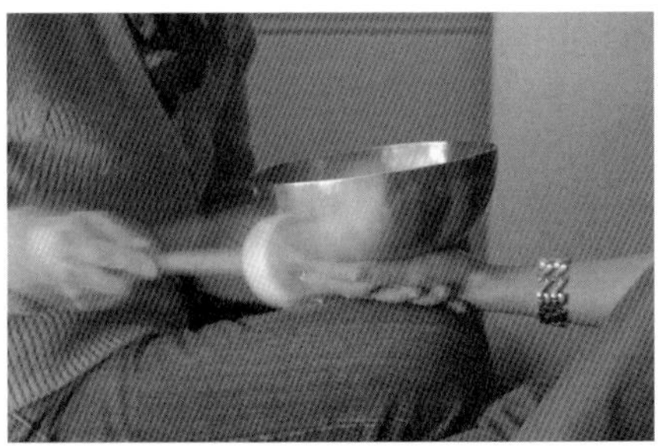

Klang berührt

Ein Fallbeispiel von einer Schlaganfallpatientin sowie weitere Fallbeispiele aus meiner beruflichen Praxis mit Kindern in der Sonderschule, Kindern mit Down-Syndrom sowie eine Dia-Projektion erweiterten bei meinem Workshop den Einblick in meine Erfahrungen und boten Stoff für Gespräche, neue Ideen und Visionen.

Abschließend sei noch anzumerken:

Behinderung darf keine Wertung enthalten, denn es ist im Grunde eine Bezeichnung für anders sein, *Anders* sein im Sinne von *Einzigartig* sein!

Klang und Klangmassage in Beratung und Therapie

ABSCHIED VON DEN TOTEN

Wie interkulturelle Betrachtungen neue Erfahrungen ermöglichen

Prof. Dr. Niels Gutschow

Ausgangspunkt

Über die zuweilen als eng empfundenen Grenzen der eigenen Kultur und der eigenen Erfahrungen hinauszuschauen, schärft den Blick und macht vielleicht Mut, ungewohnte Schritte zu unternehmen.
Die Erfahrung von Ritualen in einem als »fremd« empfundenen gesellschaftlichen Kontext kann die Bereitschaft erzeugen, Rituale zu erfinden, die es erleichtern, jahreszeitlichen oder lebenszeitlichen Abschnitten einen Rahmen zu geben. Die Rituale der Welt bergen gewissermaßen einen Vorrat, der einer Grammatik folgt, die von Priestern, Heilern, Schamanen in ganz unterschiedlichen religiösen und sozialen Zusammenhängen beherrscht und weitergegeben wird.

Der Film über die Verabschiedung der Toten durch die Newars*, der im Workshop gezeigt wurde, bietet keine »Rezepte« für die Bewältigung von Verlust. Schmerz und Trauer wird überall auf der Welt empfunden. Und überall macht sich Ratlosigkeit breit. Der Blick nach Nepal mag jedoch hilfreich sein, um das Phänomen »Tod« aus der Beschwiegenheit und zugleich aus der Monopolisierung durch ein Gewerbe zu befreien. Verlust mit anderen zu teilen, die Trauer durch Rituale halböffentlich zu machen und sich dem Schmerz und der Ratlosigkeit durch rituelle Verrichtungen auch mit dem Körper hinzugeben – all das mögen Versuche sein, einen als hermetisch empfundenen und so auch getragenen Panzer zu durchbrechen – einen Panzer, von dem wir glauben, ihn als Schutz zu brauchen, statt ihn abzulegen und uns zu öffnen.

Das bei uns übliche Schweigen verhindert oft die Loslösung von dem Verstorbenen, der keineswegs nur aus Missgunst und Neid nach den Hinterbliebenen greift, sondern auch in festhaltender Liebe. Rituale bringen Bewegung in den Schmerz über den Verlust.

** »Verabschiedung der Toten. Rituale der Newars in Bhaktapur, Nepal« von Christian Bau und Niels Gutschow, Verlag Peter Hess, 2005*

Erfahrungen
Die Gespräche in meinem Workshop machten deutlich, dass allein das Gespräch über Tod eine nahezu intime Atmosphäre entstehen ließ. Als wenn die Übereinkunft, zu diesem Thema zusammengekommen zu sein, hieße, den oben zitierten und als unangenehm und fremd empfundenen »Panzer« abzulegen – als ob man ihn in der Garderobe abgeben würde. Dabei erscheint die Vorführung eines Films aus einem ganz anderen kulturellen und religiösen Umfeld nur einen Vorwand zu bilden. Und doch regt der Blick in eine andere Welt an, über den eigenen »Ort« und die eigenen Toten und Ahnen nachzudenken.

Oft wurde im Gespräch die eigene Großmutter zitiert, vor allem wenn die Teilnehmer aus einer eher dörflichen Umgebung stammten. Plötzlich wurden Erinnerungen an Handlungen wach, die früher den Tod umgeben haben, aber im städtischen Umfeld keinen Raum mehr haben. Dadurch wurde deutlich, dass zum Erleben und notwendigerweise auch Ausleben von Sterbefällen die Verwandtschaft gehört, und wenn man diesen Faden weiterspinnt, taucht die Frage auf, ob es Ahnen gibt und wie man diese verortet. Dazu gehört nicht unbedingt nur der Friedhof, sondern auch das Elternhaus, gar eine ganze Landschaft.

Mit der Vereinzelung der Menschen, der Kleinfamilie und der städtischen Geschosswohnung, gingen derartige Bezüge meist schon vor Generationen verloren. Damit erst konnte die Frage auftauchen, wie man den Tod wieder sichtbar machen kann, und wie man über die Verwandtschaft hinaus die Freunde einbeziehen kann, um die Last und den Schmerz des Verlustes mitzuteilen und dadurch ganz wörtlich auch zu teilen. Je enger der Rahmen ist, desto mehr besteht die Gefahr, den oder die Verstorbenen zu halten, festzuhalten, statt den Weg frei zu machen für den oder die Verstorbenen in andere, unbekannte Welten und sich selbst in eine andere Zukunft.

Das Gespräch anlässlich des Films »Verabschiedung der Toten« über Totenrituale in einem anderen Umfeld hat gezeigt, dass den Hinterbliebenen Rituale helfen können, der Trauer über den Verlust einen Raum zu geben. Ziel ist das Überwinden von Trauer, das Loslassen.

Auszug aus dem Booklet, das dem Film »*Verabschiedung der Toten – Rituale der Newars in Bhaktapur, Nepal*« beigelegt ist:
Ziel des Totenrituals in Bhaktapur ist, den Verstorbenen oder die Verstorbene nachhaltig aus dem Umfeld der Hinterbliebenen zu verabschieden. Der »Seele« oder dem »Totengeist« werden Gaben dargebracht, um Zufriedenheit sicherzustellen. Aber es werden auch Fallen gebaut, um die Seele zu verletzen. Sie muss eben auch vertrieben werden. Erst wenn die Seele die einjährige Jenseitsreise vollendet hat, sind die Hinterbliebenen befreit. Die Ortlosigkeit von Tod ist Ausdruck dieser Verabschiedung. Es gibt keinen Friedhof, kein Erinnerungsmal. Das jährliche Totenritual für die Eltern erneuert das Gedenken. Diese Rituale und das anschließende gemeinsame Mahl sind nicht erhaben und von Ehrfurcht geprägt, sondern in den lärmenden Alltag eingebunden.

Trauer und Verlusterlebnisse führen oft zu Abkapselung oder gar Einsamkeit. Laute und schließlich auch die Klangmassage erwiesen sich in der Begleitung von Sterbenden als hilfreich. Klang öffnet den Körper und ermöglicht dadurch, traumatische Erlebnisse zu verarbeiten.

Vor dem Haus eines Bauern im Stadtteil Byasi ist das Gestell einer sieben Ellen hohen »Kuh« aufgebahrt

Der rituelle Vollzug der »Kuhgabe« unter dem Bambusgestell, rechts der Priester

Wohin gehen die Toten, wo sind die Ahnen?

Durch das Ritual der »Kloßgemeinschaft« erreicht der Dahingegangene spätestens nach einem Jahr die Vorväter, während der Urgroßvater zu den halbgöttlichen Ahnen gelangt. Mit jedem neuen Tod rückt der Verstorbene also dem Himmel näher. Und dann?

Der Indologe und Religionswissenschaftler Axel Michaels beantwortet diese Frage in seinem Buch »Wohin mit den Ahnen? Totenrituale und Erlösung in indischen Religionen« folgendermaßen:

»Ob ein Dahingegangener die Ahnen- oder Himmelswelt erreicht, ist also nicht nur vom eigenen Karma und den eigenen Taten, von Schuld oder Verdienst abhängig, sondern auch und vor allem davon, ob und wie die Nachkommen die Toten- und Ahnenrituale durchführen, mitunter auch von Vishnus oder eines anderen bevorzugten Gottes Gnade. Aber es bleibt auch im Ritual weitgehend offen, wohin die Toten zu welchem Zeitpunkt gelangen: In die Geisterwelt, Ahnenwelt, Vorväterwelt, Götterwelt oder die Höllen (Yamas Welt) oder in den Himmel von Brahma (Brahmaloka), Shiva (Kailasa), Vishnu (Vaikuntha) beziehungsweise Krishna (Goloka). Es bleiben auch offensichtliche Widrigkeiten in den Konzeptionen des Nachtodes bestehen: Der Wunsch, die Wiedergeburt zu erlangen, steht im Konflikt mit dem Verlangen, davon befreit zu werden. Der Dahingegangene ist nicht die Lebensseele, die nach Wiederverkörperung drängt; das geschieht erst, wenn der Dahingegangene keine Stätte mehr hat. Die Idee der sofortigen nachtodlichen Wiederverkörperung ‚widerspricht' der Generationenfolge der Ahnen. Die Ahnen sind mal vorübergehend, mal auf Dauer Allgötter. Die gnadenhafte Aufnahme im Himmel setzt die Vergeltungskausalität der Taten teilweise außer Kraft. Unsterblichkeit ist mal nachtodlich gegeben, dann wiederum erst nach mehreren Wiedergeburten. Es bleibt auch im hinduistischen Totenritual Ratlosigkeit im Umgang mit den Dahingegangenen und den Ahnen«.

Das Ritual überspielt all diese Unsicherheiten und blendet drängende Fragen nach Vergeltung, nach dem Jenseits und der Wiedergeburt aus. In Bhaktapur nehmen die Hinterbliebenen den Tod und ganz wörtlich auch den Dahingegangenen »in die Hand«. Es gibt zwar die Vorstellung, dass der Tote »hinüber« muss, aber über die jenseitige Welt macht man sich zumindest unter den Bauern der Stadt keine Gedanken. Schlechte Handlungen werden gelegentlich als Sünde bezeichnet, aber mit Karma, dem Gesetz der aus Handlungen resultierenden Folgen, das die Triebkraft hinter dem Kreislauf der Wiedergeburten ist, verbinden sich nur vage Assoziationen. Im »Hinüber« wird deutlich, dass der Dahingegangene die Hinterbliebenen, das Haus und die

Stadt verlassen muss. Das nach sechs Monaten der Jenseitsreise dem Toten übereignete Boot und die Gabe einer Kuh anlässlich der kollektiven Verabschiedung der Toten im August machen den Weg anschaulich: Unter Mithilfe der Hinterbliebenen muss der Fluss Vaitarani überquert werden. Das Ritual lenkt gewissermaßen ab von den großen Fragen des Woher und Wohin. Es beantwortet nicht Fragen, sondern baut Brücken, bei deren Überquerung das Unverständliche verblasst. Nicht zuletzt deshalb ist die korrekte Handhabung und Verehrung der die Vorväter repräsentierenden Mehlklöße die Voraussetzung dafür, dass die unruhigen Quälgeister gebändigt sind und den Hinterbliebenen das Leben nicht neiden.

Im Buddhismus gibt es ursprünglich nichts Ewiges. Es gibt weder Götter, die womöglich gnadenreich wirken, noch ein Selbst, das wiedergeboren wird. Das im alltäglichen Leben erfahrene »Ich« gilt als trügerisch, hat mit dem, was wir als Geist, Bewusstsein oder gar Seele bezeichnen, nichts gemein. Wenn es aber kein »Selbst« gibt, dann gibt es auch keine Seelenwanderung und auch keine Ahnen. Wiedergeboren wird nicht ein »Selbst« oder die »Seele«. Der Prozess von Leben und Tod gleicht einem Energiefluss, der eine immer neue Form annimmt, bis die Befreiung erreicht ist.

In Bhaktapur sind derartige Überlegungen überlagert durch ein Totenritual, das bis auf wenige Details mit dem brahmanischen-hinduistischen identisch ist. Vor der Fertigung der Klöße wird ein Stupa aus Mehl geformt – als Sinnbild des Buddha und seiner Lehre. Die Idee von der Verschmelzung mit den Ahnen und damit vom Verlust der Individualität der Toten teilen alle Bewohner der Stadt.

Im Westen sind die Ahnen nahezu verschwunden. Die Toten der vorherigen Generation werden erinnert, es gibt individuelle Orte für ein Gedenken, das auch an einen Jahrestag gebunden ist. Der kalte Umgang mit Tod und die Professionalisierung der Abwicklung als Geschäft sind von Unsicherheit und Angst geprägt. In der Verortung des gestorbenen Angehörigen auf einem Friedhof steht oft das Festhalten im Vordergrund, weniger die Verabschiedung in das Kollektiv der Ahnen.

Keine Religion der Welt hat eine sichere Antwort auf die Frage nach dem »Wohin« parat. Auch im Ritual gibt es keine Antworten, sondern nur Hilfen in der allgemeinen Hilflosigkeit.

In Südasien glaubt man, nur Asketen entgehen jeglicher Jenseitsreise. Indem sie ihre »Seele« zu Lebzeiten entweichen lassen, lebt nur noch die leibliche Hülle fort. Der selbst gewollte, spirituelle Tod setzt den Kreislauf aus, der erneutes Sterben bedingt: »Auch wir sterben nur, wenn wir uns spirituell oder rituell töten«, sagt Axel Michaels.

Literatur

- Constantin von Barloewen (Hg.): Der Tod in den Weltkulturen und Weltreligionen, Frankfurt a.M./ Leipzig 2000
- Niels Gutschow und Axel Michaels: Handling Death – Thy Dynamics of Death and Ancestor Rituals Among the Newars of Bhaktapur, Nepal; Wiesbaden: Harrassowitz Verlag, 2005
- Axel Michaels: Wohin mit den Ahnen? Totenritual und Erlösung in indischen Religionen, in dem Buch: Friedrich Wilhelm Graf und Heinrich Meier (Hg.), Der Tod im Leben. Ein Symposion, München/Zürich: Piper Verlag, 2004

Der Umzug der symbolischen »Kühe« am Talakva Platz

KLANG IN DER STERBEBEGLEITUNG

Angelika Meisner

Der Workshop »Klang in der Sterbebegleitung« richtete sich an Menschen, die sich beruflich oder privat für die Begleitung von Menschen in der letzten Lebensphase interessieren und die Wirkung des Klanges in dieser Beziehung kennenlernen möchten.

Die Einbeziehung von Klang in die Sterbebegleitung stellt eine ganz besondere Herausforderung an Menschen in der Klangarbeit dar. Nichts ist wie sonst: Der Raum, die Situation, das Gespräch, der Einsatz der Klangschalen, die Reaktion der Klienten. Und dennoch, oder gerade deswegen, werden die Töne und die Vibrationen der Klangschalen von vielen Sterbenden als eine echte Bereicherung ihrer hochsensiblen Empfindungswelt gefühlt und geschildert. Auch der Klanggebende kann in der Begegnung mit dem Sterbenden Momente höchster Intensität erfahren.

Vor diesem Hintergrund gilt es die »besondere« Situation der Sterbebegleitung zu berücksichtigen:

- Was habe ich für eine Beziehung zu dem Sterbenden
- Ist er ein Familienangehöriger, ein Bekannter, oder ist er eine mir fremde Person
- Wo befindet sich der Sterbende – Zu Hause, auf einer Palliativstation, in einem Krankenhaus, Altenheim oder in einem Hospiz
- Wie ist sein Bewusstseinszustand – Kann ich mit ihm normal kommunizieren oder nur nonverbal
- Wie kann ich mich selber abgrenzen

Entspannung und Entlastung durch Klang in der Sterbebegleitung

Viele sterbende Menschen wollen die Klangschalen nicht mehr direkt auf dem Körper spüren. Hier bietet es sich an, eine Klangreise vorzuschlagen, entweder an einen liebgewonnenen Ort, den sie gerne noch einmal wiedersehen möchten, oder zu Reisezielen, die sie eigentlich noch erleben wollten. Viele Wege sind möglich, entscheidend ist eine gute Vorbereitung, die sich mit den Vorlieben und Sehnsüchten des Klienten auseinandersetzt.

Eine ältere Frau wollte so gern noch einmal auf eine Nordseeinsel. Ihr einziger Einwand war: »Es dürfen aber keine Kühe in der Reise vorkommen!« Sie hat diese imaginäre Reise sehr genossen und den warmen Sand auf ihrer Haut gespürt.

Möglichkeiten und Grenzen der Klangmassage in der Sterbebegleitung

Grundsätzlich ist die Klangmassage nach Peter Hess® bei Sterbenden genauso wie in der täglichen Praxis durchführbar, allerdings mit einem kürzeren Zeitrahmen (20 bis 30 Minuten), meistens nur in der Rückenlage, oft in Oberkörperhochlagerung.

Eine Möglichkeit, die Klangmassage in einem Pflegebett durchzuführen, kann wie folgt aussehen*:

Ausgangssituation

Die Klientin, Frau H. (65 Jahre alt, Krebserkrankung im Endstadium) ist mit dem Rollator noch mobil, kann sich selbständig ins Bett legen. Es ist eine Oberkörperhochlagerung erforderlich, da Atmungsprobleme vorliegen. Geistig ist Frau H. sehr rege. Trotz der Erkrankung ist es möglich, Klangschalen auf dem gesamten vorderen Körperbereich aufzustellen.

Vorbereitung

Klangschalen bereitstellen, beispielsweise auf dem Nachttisch, auf Stühlen, die an das Bett gestellt werden. Oberhalb des Kopfes eine gerade Fläche für die kleinen Klangschalen schaffen. Von Vorteil ist, die Klangschalen vorzuwärmen. Beim Vorgespräch ist es wichtig zu erwähnen, dass der Schwerpunkt auf das Zuhören gelegt werden soll. Unbedingt Blickkontakt aufnehmen und halten, eventuell auch Berührungskontakt, wenn es die Situation erlaubt (Hand halten ist Ausdruck dafür, dass man sich auf die Ebene der Betroffenheit des Klienten begibt und Nähe und Begleitung anbietet).

* *Hinweis: Wir empfehlen für diese Klangbegleitung die Ausbildung in Klangmassage nach Peter Hess® abgeschlossen zu haben und über ausreichend Praxiserfahrung zu verfügen.*

Durchführung der Klangmassage nach Peter Hess®
(Dauer: ca. 25 Minuten)

1. Einstimmung
2. Aura mit einem Klang »glätten«
3. Beckenschale vor die Füße stellen, oder je eine Gelenkschale neben die Füße stellen und antönen. Zu der Herzschale oberhalb des Kopfes einen »Klangbogen« schaffen
4. Dann, wenn möglich, Gelenkschale erst rechts, dann links auf die Knöchel oder auf den Spann stellen, antönen. Gelenkschale vor die Füße stellen
5. Beckenschale auf den Solarplexus stellen, antönen
6. Beckenschale auf dem Solarplexus und Gelenkschale vor den Füßen abwechselnd antönen
7. Beckenschale auf dem Oberbauch antönen
8. Herzschale auf dem Brustbereich und Beckenschale auf dem Oberbauch im Wechsel antönen
9. Beckenschale auf dem Unterbauch antönen
10. Herzschale auf dem Kehlbereich und Beckenschale auf dem Unterbauch im Wechsel antönen
11. Beckenschale auf dem Solarplexus, Gelenkschale auf der rechten Schulter antönen
12. Beckenschale auf dem Solarplexus, Gelenkschale auf dem rechten Ellenbogen antönen
13. Beckenschale auf dem Solarplexus, Gelenkschale auf der Handfläche antönen
14. Dann linke Seite genauso behandeln

Abschluss

Mit hellen Tönen enden. Anschließend gemeinsam schweigen. Schweigen kann oft mehr aussagen als belanglose Gespräche. Nachgespräch über die Massage (leider nicht immer möglich).

Grenzen der Klangmassage

Wenn der Sterbende sich in einem physischen und/oder psychischen Ausnahmezustand befindet (starke Verwirrung, Unruhezustände, starke Schmerzen), sollte eine Klangmassage nicht durchgeführt werden.
Als Alternative: Ein kurzes Klangangebot von ungefähr zwei bis fünf Minuten anbieten und dabei sehr genau beobachten, wie es vom Klienten angenommen wird.

Fallbeispiel

Die Klientin, Frau S. (59 Jahre alt, Krebserkrankung im Endstadium) ist bettlägerig und fast komplett auf fremde Hilfe angewiesen. Sie ist sehr empfindsam, der Ober- und Unterbauch ist komplett vom Krebs befallen. Sie kann die Klangschalen auf dem Körper nicht aushalten.
Das Vorgespräch ist hier sehr wichtig.
Ich gebe ein Klangangebot in Form von:

1. Aura glätten
2. Ich erzeuge einen »Klangbogen« von oben nach unten oder von unten nach oben und von der rechten zur linken Körperseite und zurück
3. Ich bette sie in den Klang ein
4. Ich schaffe ein »Klangbad«

Wichtig ist die Intention: Was möchte ich mit dem Klangangebot bewirken?

Dritter Besuch bei Frau S.:
Frau S. nimmt sehr viel über ihr Aurafeld wahr.
Meine Intention während dieser Klangmassage: »Aurapainting« im Ober- und Unterbauchbauchbereich, um Weite zu schaffen.
Frau S. lag über die gesamte Zeit der Klangmassage mit geschlossenen Augen und öffnete sie, als ich gerade die Anwendung beenden wollte. Über die Wahrnehmung in unserem gemeinsamen Energiefeld war es möglich, dass Frau. S. fast zeitgleich in dem Moment ihre Augen öffnete.

KLANGPÄDAGOGIK NACH PETER HESS® – KREATIVE LERN- UND LEBENSBERATUNG

Petra Emily Zurek

Grundlagen der Klangpädagogik

Mit der circa zweijährigen, berufsbegleitenden Weiterbildung Klangpädagogik nach Peter Hess® bietet das Institut für Klang-Massage-Therapie seit 2001 ein kreatives Lern- und Lebensberatungskonzept an, das auf der Methode der Klangmassage nach Peter Hess® basiert und unter dem Motto »Lebenslanges Lernen – Leben lernen!« steht.

Das Weiterbildungskonzept Klangpädagogik ist aus den vielen positiven Erfahrungen mit der erweiterten Anwendung der Klangmassage in der pädagogischen Beratung, der Persönlichkeitsentwicklung und Begleitung von Menschen mit psychosomatischen Probleme entstanden.

Hinzu kommen die Erfahrungen, die wir – Peter Hess und Petra Emily Zurek – mit der Lebensweise traditionell lebender Völker gemacht haben. Hier sind wir der Frage nachgegangen, wieso in diesen armen Ländern die Kinder oft so sicher und zufrieden und die Erwachsenen so gelassen wirken. Die Gründe scheinen uns in einem sicher gelegten Urvertrauen zu liegen.

In einem geborgenen Rahmen in diese Welt geboren zu werden – hinein zu wachsen – das Leben hindurch von stabilisierenden Ritualen begleitetet zu werden – das legt den Grundstock für Sicherheit und tiefes Vertrauen!

Diese Erfahrungen fehlen unter den heutigen gesellschaftlichen Bedingungen der westlichen Kultur häufig. Sicherheit und Urvertrauen können besonders durch Klang und Rituale »nachgenährt« werden. Sie sind die Grundlage zur Weiterentwicklung und häufig Schlüssel zur Lösung von Problemen. Daher ist das Thema Urvertrauen zentral in der Klangpädagogik.

Auf spielerische, kreative und ganzheitliche Weise werden in der Weiterbildung Klangpädagogik Wissen und Methoden vermittelt, mit denen Sie Einzelpersonen und Gruppen beim Lernen, bei der Bewältigung von Lebenskrisen, psychosomatischen Erkrankungen und in ihrer Persönlichkeitsentwicklung unterstützend und beratend begleiten können.

Der Workshop
»Lebensstraße« – klangpädagogische Begleitung durch das Leben

»Es ist immer Zeit für den Beginn einer glücklichen Kindheit und eines selbstbestimmten Lebens!«

Auf der Grundlage dieses für die Klangpädagogik ganz zentralen Satzes entstand die Idee zur »Lebensstraße«. Hierbei handelt es sich um ein Workshop-Konzept, das durch verschiedene klangpädagogische Settings die Teilnehmer erleben lässt, wie ein möglicher Einsatz von Klangschalen, Gongs und Zimbeln in verschiedenen Lebensabschnitten gestaltet sein kann.
Im Workshop werden Settings zu den Lebensabschnitten Geburt, Kindergarten, Schule, Pubertät, Paarbeziehung sowie Sterbebegleitung vorgestellt und von den Teilnehmern in ihrer Wirkung praktisch erfahren.

Basierend auf den eigenen Erfahrungen der Teilnehmer lässt die »Lebensstraße« eine Vorstellung davon entstehen, wie hilfreich und wirkungsvoll klangpädagogische Begleitung für Menschen jeden Alters sein kann.

So konnte in diesem Workshop auf dem 3. Klang-Kongress in Dortmund entdeckt werden, dass es tatsächlich möglich ist, noch einmal Kind zu sein, das Kindliche und Wunderbare in sich selber »wieder« zu entdecken.

»Das Klang-Zelt« – ein klangpädagogisches Setting für den Kindergarten oder die Schule

Die Idee für das Klang-Zelt (auch Lern-Zelt genannt) ist durch ein Erlebnis in meiner Familie entstanden: Einer meiner Neffen war als Kind sehr in sich zurückgezogen, dabei aber enorm kreativ und intelligent. Im Kindergarten kam es dann zu ersten Problemen, da er weder seine Intelligenz noch seine Kreativität in der Gruppe zeigen konnte. Er war entweder sehr still oder wurde bei Anforderungen aggressiv. Bei Beobachtungen zu Hause stellten wir fest, dass er sich sehr gern in sein kleines Zelt zurückzog. Darin saß er dann zufrieden spielend und konnte sich aus dem Schutz des Zeltes gut mit uns unterhalten. Mit Zustimmung der Erzieherinnen durfte mein Neffe sein Zelt (eine Strandmuschel) mit in den Kindergarten nehmen und wir stellten mit Erstaunen fest, dass die Situation dieselbe war wie zu Hause. Aus dem vertrauten, sicheren Raum des Zeltes heraus konnte er in Kontakt mit den anderen Kindern und den Erzieherinnen treten – nach und nach auch außerhalb des Zeltes. Er war immer und ist auch heute noch ein sehr spannendes Kind, bei dem das Asperger-Syndrom festgestellt wurde.

Angeregt von dem Beispiel meines Neffen, der aus dem geschützten Raum seines Zeltes heraus gut mit seiner Umgebung zurechtkam, versuchte ich, diese Idee in meinem Praxisalltag als selbständige Klangpädagogin umzusetzen. Auch dort kamen immer wieder sehr verträumte, sensible Kinder zu mir, die eher scheu waren und mit dem fremden Raum (meiner Praxis) und der fremden Frau (mir) nicht so gut zurechtkamen. So stellte ich ein Zelt in meiner Praxis auf.

Das Klang-Zelt besteht aus einer Strandmuschel, die mit vielen kuscheligen Kissen und Decken ausgestattet ist. Über dem Zelt hängt ein großes, farbiges, durchsichtiges Tuch, so dass auch der Eingang verschlossen werden kann, ohne den Kontakt zur Außenwelt zu verlieren. Eine rote Lichterkette, die über dem Zeltdach verteilt liegt, sendet ein angenehmes Licht in den Innenraum. Je nach dem Ziel meiner Arbeit liegen auch ein Nuckel und eine Babyflasche mit einem Getränk im Zelt. Rund um das Zelt stehen Klangschalen, die sanft angeschlagen werden, über dem Zelt hängt ein kleiner Gong, der gelegentlich ertönt. So liegen meine Klienten – die Kinder, aber auch oft die Mütter und Väter – in dem vibrierenden und klingenden »Bauch des Zeltes« – ganz geborgen. Aus dieser sicheren Höhle ist es dann gut möglich, in Kommunikation zu treten.

In meinen Fortbildungen für Erzieher/innen und Lehrer/innen konnte ich die Idee des Klang-Zeltes weitergeben, und so stehen heute in zahlreichen Kindergärten und Klassenzimmern Klang-Zelte. Die vielfältigen positiven Erfahrungen sprechen hier für sich.

Es gibt viele Kinder, die keine größeren Auffälligkeiten haben, aber manchmal mit dem Alltag des Kindergartens beziehungsweise der Schule überfordert sind. Das Klang-Zelt bietet eine wunderbare Rückzugsmöglichkeit, ohne das Gruppengeschehen ganz zu verlassen. Die Kinder gehen gerne hinein – manchmal auch in Gruppen. Währenddessen schlagen andere Kinder oder die Erzieher/in die Klangschalen sanft an. So wird auch die Interaktion zwischen den Kindern gefördert.

Schulkindern bietet das Zelt eine entspannte Atmosphäre, in der sie gut lernen und Hausaufgaben machen können. Sie bekommen von dort aus alles mit und können sich doch, ihrem Bedürfnis entsprechend, zurückziehen.

In meinen klangpädagogischen Seminaren ist das Klang-Zelt nicht mehr wegzudenken. Es wird gerne von den Teilnehmern genutzt.

Fotoarchiv: Alexander Beutel, Wien

Weiterbildung Klangpädagogik nach Peter Hess® – Kreative Lern- und Lebensbegleitung

Die »Lebensstraße« gibt natürlich nur einen ersten Einblick in die vielfältigen Anwendungsmöglichkeiten der Klangpädagogik. Die Weiterbildung Klangpädagogik nach Peter Hess® gliedert sich in die Bereiche Lernberatung und Lebensberatung. Beide Bereiche bestehen aus einem Block von mehreren Seminaren, die jeweils eine effektive Praxis für den Berufsalltag vermitteln. Die gesamte Weiterbildung setzt sich aus zwölf verschiedenen Fachseminaren zusammen, die auch als einzelne Fortbildungsseminare, unabhängig vom Besuch der gesamten Weiterbildung, gebucht werden können.
Die jeweiligen Seminare sind so aufgebaut, dass sie in sich geschlossen sind und die Inhalte sofort in die Praxis umgesetzt werden können.

Nähere Informationen zur Klangpädagogik nach Peter Hess® erhalten Sie beim Institut für Klang-Massage-Therapie, Uenzen sowie unter www.klangpaedagogik.de

KLANGMASSAGE IN DER PSYCHOLOGISCHEN BERATUNG

Karin Stemmer-Wisser

Der Workshop »Klangmassage in der psychologischen Beratung« wurde von mir mit einigen Gedanken von Andras Wienands »Choreographien der Seele«, Kösel Verlag, (2005) begonnen:

Ich habe die Vision von einer Welt,

... in der Staaten, die gegeneinander in den Krieg ziehen, innehalten und sich die Frage stellen: Wer hat hier mit wem einen Konflikt? Ich mit dir oder dein Vater mit meinem Vater?

... in der Ehepartner, die sich bekämpfen, innehalten und sich die Frage stellen: Inwiefern lade ich meinen Partner zu dem Verhalten ein, das ich so entschieden ablehne?

... in der Väter, die ihre Söhne ablehnen, in der Mütter, die ihre Töchter ablehnen, innehalten und sich die Frage stellen: In welchen Konflikt mit meiner Herkunftsfamilie werde ich durch meinen Sohn, durch meine Tochter zurückgeschickt?

... in der Kollegen, die sich nicht mehr in die Augen schauen, innehalten und sich die Frage stellen: Vor welchen Gefühlen haben wir beide eigentlich solche Angst?

... in der Lehrer, die ihre Schüler hassen, Schüler, die ihre Lehrer hassen, innehalten und sich die Frage stellen: Wer bestimmt eigentlich mein Leben? Ich oder meine Geschichte?

... in der Familien mit magersüchtigen, psychotischen, depressiven und süchtigen Familienmitgliedern innehalten und sich die Frage stellen: Wenn das Symptom uns allen gehört, welche beziehungsgestaltenden Fähigkeiten müssen wir dem Symptom abnehmen, damit es gehen kann?

... die innehält und sich die Frage stellt: Welch ein absurdes Theaterstück führen wir eigentlich tagtäglich auf?

Kurz: Ich habe die Vision von einer Welt, die innehält und sich endlich die Frage stellt: Wie lange wollen wir noch versuchen, zirkuläre Phänomene linear zu beantworten?

Eine spannende Diskussion zum Thema Systemtheorie schloss sich an, in der jeder von uns auch kurz seine beraterischen Schwerpunkte skizzierte.
Es kristallisierte sich heraus, dass die Arbeit mit der Klangmassage nach Peter Hess® vor allem in der systemischen Beratung von großer Bedeutung ist, da der obertonreiche Klang der Klangschalen in sich ein geordnetes, strukturiertes System von Tönen darstellt.
Logisch konsequent nutzt man hier den Methodenwechsel, der einen positiven Beratungsverlauf garantiert, da sich Klang und Sprache gegenseitig ergänzen und in Resonanz verstärken.

In dem von mir gewählten lösungsfokussierten Ansatz in der Beratung, der in der humanistischen Psychologie verwurzelt ist, kommt ein weiterer Aspekt hinzu, der wiederum im Klang der Klangschalen sein Äquivalent findet.
Es ist der Aspekt der Hinwendung zu der Sichtweise, dass der jeweilige Klient alles in sich hat, was er zur Lösung seines Problems braucht und dass er darüber hinaus in der Lage ist, ein glückliches, selbstbestimmtes Leben zu führen.
Der Klang der Klangschale, der die »Eigenfrequenz« des Menschen verstärkt, erlaubt die Annahme der eigenen Ressourcen, wie eine Klientin einmal treffend äußerte: »... ermöglicht die Klangmassage uns, wieder so zu werden, wie wir ursprünglich gemeint gewesen sind!«

Ein weiterer wichtiger Diskussionspunkt war der der Selbstverantwortung. Ziel von Beratung war für uns alle, die Klienten kompetent dabei zu begleiten, sich wieder in ihrer vollen Selbstverantwortlichkeit zurechtzufinden, sich zunehmend sicher zu fühlen, Entscheidungen zu treffen, da sie erkennen, dass sie Wahlmöglichkeiten haben.

Ich denke, wir können hier noch einen Schritt weiter gehen und den Fokus auf Rückkopplungsprozesse legen. Bei meinem beraterischen Tun kombiniere ich immer Beratung und Klangmassage nach Peter Hess® und mache die Erfahrung, dass die Klangmassage und der Tenor der Ausbildung in Klangmassage für mich Garanten dafür sind, wieder anzukoppeln an positive verlässliche Erfahrungen, die im implizit emotionalen Erfahrungsgedächtnis des Hippocampus bereits vorgeburtlich gespeichert werden. Der strukturierte Klang der Klangschalen, der Rhythmus, mit dem der Klang einwirkt, »beleben« diese Ressourcen wieder, da sie ursprünglich durch den mütterlichen Organismus, durch sein rhythmisches Klingen, dort abgespeichert wurden.

Das »Wissen« des Embryos, dass alles vorhanden ist, um sich aus sich heraus zu entwickeln, mündet ein in das »Bewusstsein« und »Verlangen« des Neugeborenen nach Bindung und dem Bestreben, über sich hinauszuwachsen, was für Mutter und Kind einen Balanceakt darstellt. Mein Tun in der Klangmassage und der psychologischen Beratung spielt sich auf vergleichbarer Ebene ab. Ich bin dafür verantwortlich, in der Interaktion mit dem Klienten einerseits eine Balance (Homöostase) zwischen meiner Anregung zu hilfreichen Suchprozessen (mit Hilfe unserer Ver-Bindung) und andererseits der Respektierung von Autonomiebestrebungen des Klienten herzustellen.
Dieses gelingt hervorragend durch das Einbeziehen der Klangmassage, da sie sowohl das Ver-Binden durch Resonanzerfahrungen ermöglicht als auch dem Autonomiebestreben des Klienten entspricht, denn er gestaltet seiner Befindlichkeit gemäß im Rahmen der Klangmassage das jeweilige Geschehen und »bedient« sich autonom an dem entstehenden und wirkenden Klangangebot.

Die Klangmassage nach Peter Hess® ermöglicht unseren Klienten, ihren Bedürfnissen nach Wohlgefühl und Entspannung, nach Orientierung und Kontrolle, nach Zugehörigkeit und Bindung sowie nach Selbstwerterhöhung und Selbstwertschutz nach zu kommen. Das dabei in Resonanz abgestimmte gemeinsame Tun enthält die »Nahrung« für die Motivation, den nächsten Schritt zu tun, sich die Erlaubnis zu geben, nichts mehr von dem zu tun, was bislang nicht hilfreich war, sondern in dem Verhalten einen Unterschied zu setzen, der wirklich einen Unterschied macht.

Das Tun mit Klang und Klangmassage hat mir als psychologischer Beraterin geholfen, an Authentizität zu gewinnen, für meine Klienten erkennbar zu sein, gelassen zu werden.
Dadurch, dass ich lange im Klangraum bin, erlebe ich, dass der Klang gut

für mich sorgt, das heißt konkret, er ist für mich Garant, dass genau die Klienten zu mir zur Beratung kommen, mit denen sich ein Resonanzgeschehen leicht einstellt, da sie mit demjenigen Lebensthema in die Beratung kommen, für das ich für mich auf meinem momentanen Lebensweg eine gute Lösung gefunden habe. Ich kann in der Begegnung gelassen und ruhig mein beraterisches Handwerkszeug anbieten, ohne selbst als Suchende involviert zu sein. Die Sicherheit, die von mir ausgeht, erleben wir beide als hilfreich. Ich habe Vertrauen in dieses Geschehen und bin sicher, dass mir deshalb mein Tun auch noch in vielen Jahren große Freude bereiten wird.

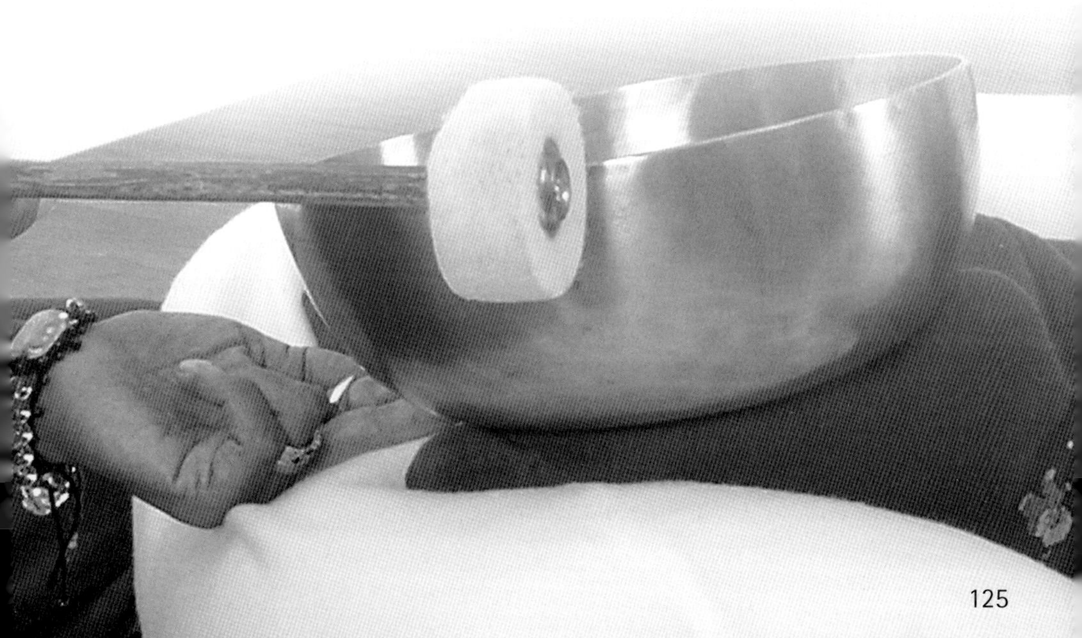

KLANGMASSAGE-THERAPIE NACH PETER HESS®

Elisabeth Dierlich

Die berufsbegleitende Weiterbildung Klangmassage-Therapie nach Peter Hess® richtet sich an all jene, die die vielfältigen Anwendungsmöglichkeiten der Klangmassage als therapeutisches Mittel kennen lernen möchten.

Die Klangmassage-Therapie ist keine Psychotherapie, beinhaltet aber Ansätze aus Gesprächsführung, Gestalttherapie, Körpertherapie und Psychotherapie. Diese Weiterbildung gibt eine kompetente Basis für therapeutisches Arbeiten, zeigt die Grenzen von der Klangentspannung zum therapeutischen Setting, vertieft das Wissen der Klangmassage-Ausbildung und der Wirkung von Klang.

Innerhalb dieser zehn Seminareinheiten umfassenden Weiterbildungsreihe biete ich mit Gongs und Klangschalen vier Module von meiner körperorientierten Klangtherapie an. Sie basiert unter anderem auf der Energie- und Atemarbeit des Arztes und Forschers Wilhelm Reich, des biodynamischen Ansatzes von Gerda Boysen sowie buddhistischer Atem- und Meditationspraxis und feinstofflicher Arbeit. Sie zeichnet sich vor allem durch ihr sanftes Arbeiten mit Klängen aus, das heißt durch Einfühlungsvermögen und Respekt – gegenüber den Klängen, den Klienten und sich selbst als Berater/Therapeut.

Bedeutsam für meine Arbeit ist es, den achtsamen Kontakt zu sich selbst und zum Klienten sowie Intuition und Feinfühligkeit im Wahrnehmen energetischer Prozesse zu fördern und zu schulen: Was nehme ich wahr, zum Beispiel in Sprache, Mimik, Gebärde, und wie kann ich hieraus intuitiv eine sinnvolle Behandlung auf der Basis der Klangmassage nach Peter Hess® gestalten?
Um eine gute Basis für die Zusammenarbeit mit dem Klienten zu haben, ist es wichtig, auch als Berater/Therapeut sich selbst genügend wert zu schätzen und gut geerdet zu sein, sich selbst genügend Raum und Zeit zur Einstimmung auf den Klienten zu geben.

Die Schwingfähigkeit eines Menschen wieder herzustellen, ureigene, verschüttete Bedürfnisse in die Wahrnehmung zu holen und von dort her Kräfte aufzubauen, die auch eine Bereitschaft zu Veränderung wachrufen können, ist für mich wesentliche Grundlage einer erfolgreichen ganzheitlich-therapeutischen Klangbehandlung. Der Fokus ist hierbei im Besonderen auf die Zusammenhänge von feinstofflichem und physischem Geschehen, das Leeren bzw. Entladen des Zellsystems und des energetischen Feldes gerichtet.

Elemente aus der Körperpsychotherapie und eigene Erfahrungen lenken die Aufmerksamkeit gezielt auf den Klienten und helfen zu erkunden: Welche Ausdrucksweise benutzt dieser Mensch in Sprache, Gestik und Körperausdruck? Aus den gesammelten Informationen gilt es ein Gespür zu entwickeln, wie Begegnung aussehen kann. So ist es erst einmal wichtig, sich selbst zu erfahren in der Klangmassage und in der Körperarbeit. Es gilt Antworten auf die Fragen zu finden: Wie bin ich, wie wirke ich nach außen, wenn ich Angst habe, wenn ich traurig bin oder wenn ich vortäusche, dass alles mit mir in Ordnung ist? Wenn wir uns selbst genauer kennen lernen, dann können wir andere Menschen auch besser begleiten.

Wilhelm Reich schreibt:

»Wenn ich einen Muskel berühre, berühre ich auch ein Gefühl.«

Bei der Körpertherapie liegt der Fokus auf der Eröffnung neuer Sichtweisen und damit Möglichkeiten der Alltagsgestaltung oder Problemlösung durch Körperwahrnehmung. Wir sind konditioniert auf eine rein kognitive und von der Verstandesebene geleitete Betrachtungsweise und Bewertung unseres Lebens. Wenn wir ein Problem kognitiv und wertend betrachten, so stellt es meist eine Behinderung unseres Lebens, unseres Energieflusses dar. Indem wir den Fokus auf unser Körpergeschehen legen, unseren Körper befragen, das Problem sozusagen auf die Körperebene bringen, gehen wir in Kommunikation mit unserer Körperweisheit. Durch die Verlagerung des Fokus weg vom kognitiven Verstehen hin zu Körpersprache und Körperausdruck, kommt der Mensch wieder in Kontakt mit sich selbst, mit den eigenen Gefühlen und mit darunter liegenden Blockaden. Dadurch entsteht eine Erneuerung bzw. Erweiterung der eigenen Sichtweise. Und oft weiß der Körper schon die Lösung, zeigt die Lösung auf – wenn er die Möglichkeit dazu erhält – die sich der kognitiven Betrachtungsebene noch entzieht.

Unterrichtsbeispiele

In der Seminarpraxis kann es wie folgt aussehen, wenn wir eine Klangmassage durchführen:

Während der Empfangende die Klänge genießt, tauchen Gedanken und/oder Bilder in ihm auf. Sein Erleben während der Klangmassage kann Ausgangspunkt für anschließende Körperübungen sein: Was gibt Dir Dein Körper für eine Botschaft? Nachdem der Klient sein Problem verbal benannt hat – soweit ihm das möglich ist – leite ich ihn an, eine Körperhaltung für dieses Problem zu finden. Im Hineinspüren in diese Haltung werden dazu gehörige Emotionen bewusst. Im Innehalten in der Bewegung, die der Körper für ein Problem geformt hat, tauchen Bilder, Emotionen, Gedanken auf. Der Klient kommt assoziativ mit einem Erlebnis bspw. aus der Vergangenheit in Kontakt oder erhält kraftvolle Unterstützung für neue Impulse, um die Alltagsproblematik neu anzugehen. Als Berater/Therapeut muss ich die inneren Bewegungen des Klienten aufmerksam mitverfolgen, ihn beim Wechsel zwischen den Ebenen von inneren Bildern, Gedanken oder Emotionen begleiten und manchmal auch anleiten.

Es geht weniger um das Finden einer Lösung, als vielmehr um eine Erweiterung, ein Ausprobieren von etwas Neuem. Die eigene Situation neu zu betrachten, neue Impulse zu bekommen für ein Problem oder für den Alltag – die Energie wieder in Fluss bringen – darum geht es.

Durch das Einnehmen einer Körperhaltung und das Zulassen innerer Bewegung in Form von Bildern, Gedanken und Gefühlen, erhält der Klient eine neue Bewusstheit. Diese Bewusstheit ist es, die der Klient mitnimmt, mit dieser neuen kreativen Energie kann er Umsetzung im Alltag schaffen.

Unterrichtsbeispiele für die Gongtherapie

Der Gong kann ein wunderbares Instrument sein, um die körpertherapeutische Arbeit zu unterstützen oder einzuleiten.

Ich nutze den Gong zum Beispiel, um die Hinwendung zum Körper zu leiten. Ich lasse einen Klangteppich entstehen, auf dem sich der Klient auf sich selbst, auf seinen Körper einlassen kann. Er erhält die Möglichkeit, sich ganz gezielt und bewusst sich selbst zuzuwenden. Unterstützt durch den Klang kann er gewohnte (Denk-) Konzepte ablegen und seinen Körper sprechen lassen.

Durch gezielten Einsatz rhythmischer Spieltechniken kann der Klient nonverbal und verbal geleitet werden. Hinzu kommt, dass die Klang-Kraft, die ein Gonginstrument erfahrbar werden lässt, die Bereitschaft öffnet, das Verstandesbewusstsein zu verlassen und einen nonverbalen, energetischen Raum zu betreten – sich für die Energiebewegung des eigenen Körpers zu öffnen. Der Gong spricht den Körper sehr schnell und ganzheitlich an, wie auch das Zellbewusstsein und somit auch das Körperbewusstsein. In der Klangschwingung des Gongs kann die Energiebewegung im Körper leichter nachvollzogen werden, sie lässt den eigenen Körper sich selbst leichter formen, eine Körperhaltung finden. Es sind die horizontal wirkende Klangentwicklung und das Schwingungsangebot des Gongs, die den Körper ganzheitlich erfahrbar machen und ihn schnell in Schwingung, in Bewegung bringen.

Daher ist es wichtig, dass die rhythmische Spieltechnik gezielt angewendet wird. Deren sicherer Einsatz bedarf einer ausreichenden Selbsterfahrung, wie sie im Seminar *Gong II* vermittelt wird. Nachdem im Seminar *Gong I* eine erste Begegnung mit dem Instrument und verschiedenen Spieltechniken (zum Beispiel für die Meditation) erfahren wurden, geht es im Aufbauseminar darum, sich selbst tiefer auf den Gong einzulassen, rhythmische Spielweisen zu erlernen, das Vertrautwerden mit dem Instrument zu erleben, die Ebene von Respekt zu verinnerlichen, um in dem Instrument einen »Vertrauten«, einen »Helfer« zu finden. Es geht darum, an sich selbst zu erfahren: Wie reagiere ich auf die Klänge, was machen sie mit mir, mit meinem Körper, wie reagiert meine Innenwelt?

Aus der eigenen Erfahrung können wir dann Klienten einladen, das Energiefeld der Gongklänge zu betreten, sich von ihm leiten und begleiten zu lassen, im Klangraum des Gongs in Kontakt mit sich selbst zu kommen und das innere Erleben verbal weiter zu bearbeiten. Der Berater/Therapeut kann aus dem Erleben des Klienten auch neue Ideen für den weiteren Verlauf in der Klangmassage mit Klangschalen schöpfen.

Klangmassage und Atem – Atem trägt den Klang oder der Klang trägt den Atem

Durch den Geburtsvorgang allein können wir noch nicht leben, wir müssen unseren ersten Atemzug machen – Atmen bedeutet also Leben. Zumeist ist unsere Atmung eingeschränkt oder blockiert, ja oft wie eingefroren. Somit ist unsere Lebensenergie dezimiert, wir leben sozusagen auf Sparflamme! Es gibt verschiedene Möglichkeiten über Tiefenatmung die Lebensenergie wieder ins Fließen zu bringen. Für die Klangmassage heißt das: Gerade an der Schwelle zur Tiefenentspannung setzt auch die vertiefte Atmung ein. Es ist wichtig, diesen Moment dem Klienten bewusst zu machen. So kann durch Atemwahrnehmung eine blockierte oder gestaute Körperregion wahrgenommen werden. Nun kommt der Klang hinzu und kann auf dem Atem in diese Region hinein getragen und dort wirksam werden. Je nachdem, welche Bereitschaft zum Geschehenlassen da ist, verwebt sich der Atem mit dem Klang – der Atem trägt den Klang oder der Klang trägt den Atem. Ein feiner, offener Moment entsteht, in dem heilsame Affirmationen eingeflochten werden können.

Die Arbeit mit dem Atem in der Klangmassage ist nur dann möglich, wenn auch die Sprache mit hinzugenommen wird. Sie unterstützt den Prozess der Entwicklung und Erfahrung eines tieferen Körperbewusstseins und hilft dabei, gezielt Aufmerksamkeit hineinzubringen in bestimmte Körperbereiche und -organe. Daher sind in der Weiterbildung Klangmassage-Therapie nach Peter Hess® auch Elemente aus der Gesprächsführung sowie Elemente aus der Gestalttherapie integriert.

Im Workshop am 3. Klang-Kongress haben wir gemeinsam ein Setting durchlaufen, in dem Ansätze aus Gesprächsführung und Gestalttherapie enthalten waren. Mit Klangschalen und dem Tamtam-Gong kreierten wir eine Klang-Reise zur Selbst- und Körperwahrnehmung, mit Atembewusstheit und Übungen nahmen wir ausgewählte Körperbereiche wahr. Erste Eindrücke des Ansatzes der Klangmassage-Therapie konnten so erfahren werden.
Wir beendeten das Setting mit einer Diskussion zu den Themen Empathie und feinstoffliche Kommunikation, die in der Weiterbildung von zentraler Bedeutung sind.

KLANG UND PSYCHOTHERAPIE

Jessica Schadlu

Im Rahmen des Workshops wurden verschiedene Möglichkeiten aufgezeigt, wie Klang und Psychotherapie, zum Wohle des Klienten, gemeinsam genutzt werden und sich additiv ergänzen können.

In einem kurzen Theorieteil wurden die verschiedenen psychotherapeutischen Ansätze vorgestellt und ein ausführlicher Überblick über Hypno-Systemische Modelle gegeben, die in diesem Workshop im Mittelpunkt standen.

Überblick über Hypno-Systemische Modelle

Psychodynamische Ansätze (Freud/Jung)
In der psychodynamischen Psychotherapie geht es darum, die Bedeutung der Lebensschwierigkeiten des Klienten aus der Biographie heraus zu verstehen und ihm zugänglich zu machen: Symptome werden als Zeichen für Konflikte zwischen Ich, Es und Über-Ich gedeutet.

Lerntheoretische Ansätze
Hier wird davon ausgegangen, dass Symptome erlerntes Verhalten sind und auch wieder verlernt werden können. Ein aktuelles Konzept dieser Richtung ist die von Fred Kanger entwickelte Selbstmanagementtherapie.

Humanistische Ansätze
Carl Rogers, Ruth Cohn und die bekannte Familientherapeutin Virginia Satir sind Vertreter dieses Ansatzes. Obwohl ihre praktische Arbeit recht unterschiedlich ist, vereint sie die Annahme, dass der Mensch über genau die Ressourcen verfügt, die er zur Bewältigung eines aktuellen Konfliktes benötigt, diese jedoch erst erkannt und aktiviert werden müssen. Grundlegend ist auch die Annahme einer das gesamte Entwicklungspotential eines Menschen aktualisierende Tendenz (=Aktualisierungstendenz) als Motivationskraft, die den Organismus als Ganzes enthält, ihn wachsen und reifen lässt.
(Dieser Gedanke an die Entwicklungsfähigkeit und an die Ressourcen der Klienten ist eine Grundvoraussetzung, die die Psychotherapie erfüllen muss, um mit der Klangmassage nach Peter Hess® hilfreich kombiniert werden zu können.)

Hypnosystemische Ansätze
Menschen leben in sozialen Gefügen und in ständiger Kommunikation miteinander. Sie bilden dynamische Systeme im Spannungsfeld von Individualität und lebensweltlichem Kontext. Sie konstruieren ihre soziale und auch emotionale Welt aus den wahrgenommenen Beziehungen innerhalb ihres Systems und definieren so ihre Zusammengehörigkeit.

Die Weltsicht eines Menschen ist subjektiv und basiert auf seiner einzigartigen biologischen und biographischen Struktur.
Symptome können wichtige Funktionen im System des Klienten und in dem für ihn relevanten Kontexten haben. Sie können als suboptimale Lösungsversuche verstanden werden. Andere Lösungsmuster können dem Klienten durch neue Wahrnehmungsperspektiven, beispielsweise durch klanginduzierte Trance, zugänglich gemacht werden.

Wichtig ist die wertschätzende Haltung des Beraters/Therapeuten und seine konsequente Ressourcen- und Lösungsorientierung.

Haltung, innere Bilder und Gedanken des Klienten und des Beraters können neue Sichtweisen, Wirklichkeiten entstehen lassen, die für den Klienten einen Unterschied machen, der einen Unterschied macht.

Im weiteren Verlauf wurden Möglichkeiten herausgearbeitet, wie die Klangschale praktisch in Hypno-Systemischen Psychotherapien einsetzbar ist. Hierbei lag der Fokus auf dem von der Autorin entwickelten »gentle journey«-Konzept, das die tranceinduzierende und stabilisierende Wirkung der Klangschale und die Entwicklung hilfreicher innerer Bilder in den Mittelpunkt stellt.

Der Weg des Klanges in die Psychotherapie
Klänge und Musik haben schon seit langem Einzug in die Psychotherapie genommen. Die moderne Musiktherapie knüpft an alte Traditionen des Gebrauchs von Klang-Trance und archaischen Klangerlebnissen an. Zudem werden Klänge zur Entspannung genutzt oder als hilfreiches Medium, wenn Worte nicht ausreichen um Erlebtes oder Gefühle auszudrücken. Darüber hinaus besteht mit Hilfe des Klanges, insbesondere dem der Klangschale, die

Möglichkeit, den Klienten auf der Suche nach seinen verborgenen Ressourcen und Heilkräften zu unterstützen.

Wie schon erwähnt, findet sich eine große Übereinstimmung des Menschenbildes der Klangmassage nach Peter Hess® und dem der humanistischen Therapierichtungen. Beide gehen davon aus, dass der Mensch über alle Fähigkeiten und Ressourcen verfügt, die er braucht, um aktuelle Schwierigkeiten und Lebensaufgaben zu bewältigen.

Während die klassischen Psychotherapien mit Hilfe des Mediums Sprache versuchen, den Klienten wieder in Kontakt mit seinen Ressourcen oder, wie es so schön bildhaft beschrieben wird, mit seiner inneren Weisheit zu bringen, dabei jedoch häufig an ihre Grenzen stoßen, gelingt es mit Hilfe des Klanges oft wie von Geisterhand, eine Verbindung herzustellen.

Der Wirkmechanismus hierbei scheint unter anderem die tranceinduzierende Wirkung und die damit verbundene Veränderung des normalen Alltagserlebens zu sein.

Auf gehirnphysiologischer Basis lässt sich dieser Effekt wie folgt erklären: In Krisensituationen oder anderen stressauslösenden Situationen gerät auch unser Großhirn unter Stress. Viele Psychotherapien setzen gerade ein funktionales Groß- und Frontalhirn voraus. Mit Hilfe des Klanges und inneren Bildern erreicht man einen stammesgeschichtlich älteren und weniger störungsanfälligen Teil des Gehirns. Dieser Teil, auch Mittelhirn oder limbisches System genannt, steht uns auch in Stresssituationen zur Verfügung (vgl. Braus: »EinBlick ins Gehirn«, Thieme, 2004).

Untersuchungen haben gezeigt, dass offenbar alle Menschen unter Trancebedingungen in Kontakt mit einem »Inneren Helfer-Selbst«, einem »verborgenen Beobachter« oder »Innerem Guide« kommen können. Die Funktion dieses inneren Helfers scheint darin zu liegen, Gesamtzusammenhänge erkennen zu können und damit Veränderungen in Handlungs- und Denkstruktur möglich zu machen (vgl. Siegel: »Wie wir werden, die wir sind«, 2006).

Dieser innere Beobachter existiert natürlich auch im normalen Bewusstseinszustand, nur scheint der Zugang zu ihm durch die immerzu notwendige Außenorientierung versperrt zu sein.

Das durch die Klänge getragene Lauschen nach innen macht den Kontakt möglich. Wir hören dann sozusagen noch einen weiteren Klang: Den Klang unserer Seele, unsere innere Stimme.

Wie dies praktisch aussehen kann, zeigt ein Beispiel aus dem »gentle journey«-Konzept:
Ein junger Vater, dessen Frau nach einem Unfall im Koma lag, sah sich der Aufgabe nicht gewachsen, sich alleine um seine vierjährige Tochter zu kümmern. Völlig verunsichert sucht er eine Psychotherapeutin auf. Besonders belastet ihn die Frage, ob seine Tochter die Mutter in diesem Zustand besuchen soll oder nicht. Viele verschiedene Ratschläge, die Krisensituation und die damit einhergehende große Verunsicherung, machen ihm den Zugang zu seiner inneren Stimme unmöglich.

Der Therapieverlauf gliedert sich wie folgt:

- Auftragsklärung: Sicherheit und Klarheit wiederfinden
- Ressourcenorientiertes Gespräch, hypnotherapeutische Geschichte erzählen: mit der Methode »Väter wissen das« wird der Klient »eingeladen«, Vertrauen in seine natürliche Kompetenz als Vater wiederzufinden
- Ziel dieser Stunde klären:
    - Kontakt zu innerer Stimme / Weisheit finden
    - Inneres Bild / Vorstellung dieser inneren Stimme etablieren
- Einführung der Klangmassage als sicherer Rahmen und Möglichkeit mit der inneren Stimme zu kommunizieren
- Klangmassage
- Gespräch über die Erfahrung während der Klangmassage: Lösungs- und ressourcenorientierte Fragen
- Integration der Erfahrung in den Alltag: Klient schildert, wie sich die gemachte Erfahrung – der Kontakt mit der inneren Stimme – auf der Handlungsebene auswirken wird

Am Ende der Stunde fühlte sich der Klient nicht mehr so verunsichert, hatte an Zuversicht gewonnen, schien den Aufgaben, die auf ihn warten, gewachsen zu sein. Auch eine Antwort auf die Frage, was für seine Tochter das Beste sei, hatte er gefunden.

Anzumerken sei noch, dass der Berater/Therapeut der Entscheidung des Klienten wertfrei gegenübersteht. Entscheidend ist, dass die gefundenen Antworten im Einklang mit dem jeweiligen Klienten sind. Kommentierende oder korrigierende Ratschläge des Beraters/Therapeuten sind eher kontraproduktiv und beeinflussen Selbstwertgefühl und autonome Selbstorganisationskräfte negativ.

Dass Achtsamkeit und Wertschätzung in der Klangmassage nach Peter Hess® selbstverständlich sind, versteht sich im Rahmen dieses Workshopberichts sicher von selbst.

In einem anderen Fall handelte es sich um einen depressiv verstimmten Patienten, der eine belastende Operation hinter sich hatte. Im Rahmen einer Psychotherapie nach dem »gentle journey«-Konzept fand er während einer Klangmassage zu einer wichtigen Kraftquelle. Er hatte die Kraft gefunden, die es ihm ermöglichte, wieder ein Lächeln auf sein Gesicht zu zaubern. Und genau dies war es, was er nach eigenen Aussagen brauchte, um die anstehenden Aufgaben zu bewältigen.

Sicher ist es nicht einfach, diese praktische, erlebnisorientierte Methode in schriftlicher Form nachvollziehbar zu machen. Vielleicht ist es aber gelungen, der Idee hinter der Methode eine Gestalt zu geben, sie verstehbar zu machen und einen ersten Einblick zu vermitteln.

TOR ZU INNEREN RÄUMEN – ARBEIT MIT KLANG IN DER PSYCHIATRIE

Dr. Peter Hess und Heike Hess

Warum arbeiten wir mit archaischen Klängen und Instrumenten?

Sie verbinden uns mit unseren phylogenetischen und ontogenetischen Wurzeln. Es kommen Instrumente der Urzeit zum Einsatz und Instrumente, die vom Klang her an erste Eindrücke im Mutterleib erinnern.

Trotz der Ähnlichkeit der Verwendung unseres musiktherapeutischen Instrumentariums mit schamanischen Ritualen, speziell beim Gongritual, ist die Basis unserer Therapie eine psychotherapeutische. Das heißt, nicht ich reise wie der Schamane mit Hilfe der Klangtrance in die andere Welt und übernehme somit aktiv die therapeutische Arbeit, sondern in unserem Zusammenhang reist der Patient selbst in seine eigene unbewusste Welt und kann sich letztendlich nur selbst heilen, mit Unterstützung des Therapeuten. Der Schamane muss ja in der Lage sein, sich in die kollektiven und biographischen Schichten des Patienten zu versetzen. Dies gelingt im Prinzip nur dann richtig, wenn er sich im gleichen Lebens- und Glaubenssystem befindet. In unserer heutigen multikulturellen, individualisierten Gesellschaft ist dies ohne vorherige Indoktrination kaum noch möglich. Wir leben in zu verschiedenen Glaubenssystemen und können uns als Therapeuten erst nach langer Zeit einigermaßen in die Bewusstseinsschichten unserer Patienten einfühlen.

Das Gongritual

Es folgt einem immer gleichen, festgelegten Ablauf, in dem life-gespielte archaische Instrumente zum Einsatz kommen.

Die Grundidee ist, dass alle Patienten, die außergewöhnliche Bewusstseinszustände erlebt, aber nicht integriert haben, hier die Möglichkeit bekommen, im geschützten Rahmen verschiedene biographische und kollektive Schichten ihres Unterbewusstseins kennenzulernen und eine Integration einzuleiten.

Voraussetzung für die Teilnahme an der Gong-Therapie ist, dass die Patienten noch mindestens sechs Wochen in Behandlung sind und sich nach einer

schriftlichen Vorinformation und einem ausführlichen Vorgespräch freiwillig entscheiden, daran teilzunehmen.
Sie sollten die ganze Zeit über entweder in stationärer oder teilstationärer Behandlung in unserer Tagesklinik sein und kontinuierlich dabeibleiben, auch wenn es zu schwierigen Sitzungen kommen kann. Ohne vorherige Rücksprache sollte die Therapie auf keinen Fall abgebrochen werden. Es hat sich nämlich erwiesen, dass beim Auftauchen traumatischer Erfahrungen diese sich im Laufe der Therapie verändern und negative Inhalte höchst selten immer in der gleichen Weise wieder auftauchen.

Der Raum, in dem das Gongritual stattfindet, ist die ganze Zeit über vor inneren und äußeren Störungen geschützt. Neben den zwei bis drei Mitmusikanten sind auch immer ein bis zwei Beisitzer dabei, die sich bereithalten, falls ein Teilnehmer Hilfe benötigt. Die Therapie findet wöchentlich statt und dauert insgesamt zwei bis zweieinhalb Stunden, davon die eigentliche Klangphase nur eine Stunde. Die Hauptzeit dient der Integration und der Vorbereitung.

Diese Therapieform wurde von mir rein empirisch entwickelt. Erst später wurde mir klar, dass der Ablauf des Gongrituals im Prinzip den perinatalen Matrizen von Grof folgt.

Dr. Peter Hess und Heike Hess vor verschiedenen Oberton-Instrumenten

PERINATALE GRUNDMATRIZEN
nach GROF

PM* 1: Das amniotische Universum
Symbiotische Einheit des Föten mit dem mütterlichen Organismus. Ozeanisches Gefühl, kosmische Einheit, Himmel, Paradies, Schlaraffenland.

PM 2: Kosmisches Verschlungenwerden und Ausweglosigkeit
Beginn der Wehentätigkeit, Einschränkung des Lebensraumes und der Nahrungszufuhr. Bedrohung des Lebens, Vergiftungs-, Besessenheitsängste. Verschlungenwerden von Riesenspinnen und -kraken u.ä.

PM 3: Der große Kampf vor Tod und Wiedergeburt
Austreibungsperiode mit massivem mechanischem Druck, starker Sauerstoffmangel mit drohendem Ersticken. Titanischer Kampf, sado-masochistische Erlebnisse, Bedrohung durch Dämonen, Vergewaltigung.

PM 4: Befreiung durch Tod und Wiedergeburt
Eigentliche Geburt des Kindes mit plötzlicher Erleichterung und Entspannung nach unerträglicher Angst und Schmerzen. Reale Geburtserinnerungen. Das Sterben der angstgeprägten Einstellung zur Welt, glücklicher Ausgang gefährlicher Situationen.

In der folgenden Tabelle ist zu erkennen, dass während der Klangtrance ganz viele Klangarchetypen mit einhüllendem und schützendem Charakter aus der ersten perinatalen Matrix vorherrschen, während die gefahrvolle Seite fast ausschließlich über den Gong transportiert wird.
Allerdings ist die individuelle Reaktion auf die Klänge sehr unterschiedlich. Wie oben angedeutet, kann der Gong am Anfang übermächtig und bedrohlich erscheinen und im Verlauf nicht nur seine Bedrohlichkeit verlieren, sondern sogar bestärkend und kräftigend erlebt werden.

** PM = Perinatale Matrix*

GONGRITUAL
musikalische Abfolge

Klangtrance

Monochord:
Einheit mit dem Universum, absolute Sicherheit, Himmel = **PM 1**

Tanpura und Obertongesang:
Planetarisches Bewusstein, Verbindung mit der Mutter, Wiegenlied = **PM 1**

Tanpura und Tabla:
Sicherheit in rhythmischer Struktur, Herzschlag der Mutter = **PM 1**

Ocean drum und Didgeridoo:
Verstärkung intrauteriner Klänge, Verstärkung des Körpergefühls und der Sexualität = **Ankündigung von PM 2**

Gong:
Wehen, Gepresstwerden durch den Geburtskanal, Bedrohung, überwältigende Angst, Erstickungsgefahr, Tod und Wiedergeburt = **PM 2, 3, 4**

Rücknahme der Trance

Tanpura:
Koto oder Flöte und Tabla
Gemeinsame Gruppenimprovisation der Teilnehmer

Indiziert ist diese Therapie besonders bei denjenigen Patienten, die eine psychotische Episode erlebt, aber nicht integriert haben: Bei schizophrenen und schizoaffektiven Psychosen, bei Borderline-Persönlichkeiten, bei Suchterkrankungen, bei sogenannten »Drogen-Psychosen« und posttraumatischen Störungen.

Kontraindikationen sind nicht diagnosespezifisch und nicht absolut. Vorsicht ist jedoch geboten bei akuten schweren Depressionen, Manien und bei Missbrauchsopfern. Auch sollte beachtet werden, ob der Patient die vorgegebenen Strukturen einhalten kann oder will.

Klang und Klangmassage in Heil- und Heilfachberufen

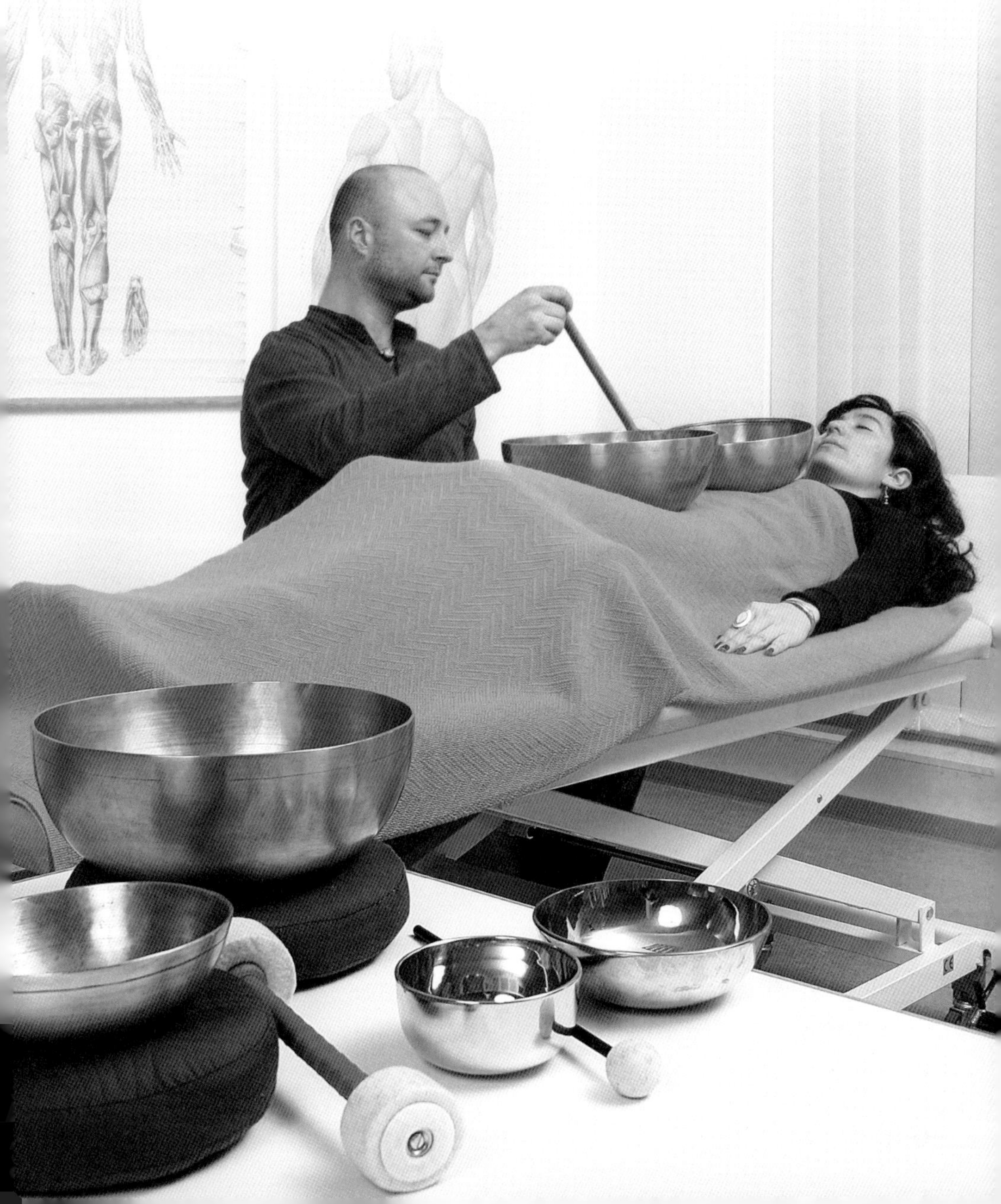

KLANGMASSAGE BEI SCHMERZEN UND PSYCHOSOMATISCHEN BESCHWERDEN

Dr. Rosa Matzenberger

»Der Körper ist der Übersetzer der Seele ins Sichtbare«

(Christian Morgenstern)

Viele Menschen kommen zu uns, weil sie Schmerzen verspüren. Die Beschwerden reichen von unangenehm bis beinahe unerträglich. Sie beeinflussen das physische, psychische und soziale Befinden und somit die Lebensqualität der Betroffenen erheblich. Chronische oder akute Schmerzzustände können gleichwohl somatoformer als auch psychosomatischer Genese sein.

- Können wir mit Hilfe der Klangmassage bei der Beseitigung oder zumindest Linderung der Schmerzzustände hilfreich sein
- Wenn ja, wie kann ich diese beeinflussen
- Wie und in welchem Ausmaß können meine Interventionen in der Klangbehandlung den Schmerz zielführend beeinflussen

Diese und ähnliche Fragen waren Inhalt des hier beschriebenen Workshops. Unsere Hauptthemen waren ferner die Grundlagen der Schmerzwahrnehmung und ihrer Beeinflussung sowie effiziente Klangbehandlung und hypnotherapeutische Interventionen bei Schmerzen.

Dazu gab es von den Teilnehmern ein erstaunlich großes Mitteilungsbedürfnis über ihre Erfahrungen im eigenen Umgang mit Schmerz, ihre eigenen Leidens- und Heilungsgeschichten sowie über die Behandlung von Schmerzen anderer. Anhand der Erfahrungsberichte der Teilnehmer konnten die theoretischen Konzepte sehr gut eingebracht werden.

Schmerz – Theoretische Grundlagen

Wie eingangs erwähnt, können chronische oder akute Schmerzzustände auch somatoformer oder psychosomatischer Genese sein.

Somatoforme Störungen sind laut ICD 10 Kopf- oder Bauchschmerzen psychischen Ursprungs, Herzklopfen, Atemnot, psychogener Husten, psychogenes Erbrechen, Übelkeit, Schwindel, psychogener Juckreiz, Schluckbeschwerden oder einfach ein »Unwohlsein«.

Unter psychosomatischen Erkrankungen im engeren Sinne versteht man psychische Faktoren und Symptome, die bei der Entstehung von körperlichen Erkrankungen eine Rolle spielen, wie zum Beispiel bei Gastritis oder Asthma.

Jeder Schmerz hat eine Ursache, ist ein Hilferuf des Körpers, ein Signal, das der Körper zu seinem eigenen Schutz entstehen lässt. Daher ist es immer wichtig zu hinterfragen: »Was sagt mir dieser Schmerz, welche Funktion hat dieser Schmerz, welche gute Absicht für den Gesamtorganismus steckt dahinter?« Danach kann ich fragen: »Welche Hilfen kann ich zur Heilung und zur Lösung der dahinterliegenden Probleme heranziehen?«

Bei psychosomatischen Beschwerden werden häufig Emotionen oder Konflikte unbewusst nicht zugelassen und kommen daher in einer anderen Form, als Symptom, zum Ausdruck.

Ärztliche Abklärung ist die Voraussetzung für die Klangbehandlung bei wiederkehrenden Schmerzzuständen, denn es gibt mannigfache Schmerzursachen, zum Beispiel können Kopfschmerzen unter Umständen ein Glioblastom (Gehirntumor) anzeigen.

Wenn sich der Schmerz als funktionell, psychosomatisch, somatoform oder stressbedingt herausstellt, können wir mittels der Klangbehandlung sehr gute Dienste leisten. Hier findet Erholung, Regeneration, Entspannung und vielfach zum ersten Mal seit langem wieder Schmerzfreiheit statt.

Wie wichtig es ist, dass jemand, der von chronischen oder akuten Schmerzen geplagt wird, wieder ein ganzheitliches Wohlgefühl erleben kann, zeigen folgende Aspekte des Schmerzes und der Schmerzverarbeitung, die ich als Grundlagen kurz darstellen möchte.

Es gibt den akuten und chronischen Schmerz, der sich folgendermaßen äußert:

- Plötzlich einsetzender, heftiger Schmerz
- Druckschmerz
- Bohrender, ziehender, stechender Schmerz
- Lokaler, klopfender Schmerz
- Anhaltender Schmerz
- Krampfartiger Schmerz
- Diffuser Schmerz

Schmerz wird immer subjektiv unterschiedlich erlebt. Eine Unterscheidung zwischen psychisch und physisch bedingtem Schmerz ist vom subjektiven Erleben her nicht möglich. Je länger ein organischer Schmerz anhält, umso mehr kommen psychosomatische und psychosoziale Aspekte hinzu, die bewusst oder unbewusst als Verstärker fungieren können (beispielsweise Rentenantragstellung, sekundärer Krankheitsgewinn).

Schätzungen über die Zahl chronischer Schmerzpatienten in Deutschland betragen zwischen sechs bis zehn Millionen, das heißt, dass circa acht bis zwölf Prozent der Deutschen behandlungsbedürftig sind.

Schmerz und Schmerzgedächtnis

Bei chronischen Beschwerden gehen die wissenschaftlichen Erkenntnisse davon aus, dass ein Schmerz in Form neuronaler Muster im Gehirn gespeichert wird. Je länger der Schmerz andauert, umso größer wird er und umso leichtere Reize führen zu einem verstärkten Schmerzerleben, teilweise kommt es auch zu Schmerzen ganz ohne Reiz.

Das bedeutet also, dass wir ein Schmerzgedächtnis ausbilden. Darunter versteht man die Fähigkeit des Nervensystems, sich negative Erlebnisse wie zum Beispiel starke Schmerzen zu merken und zu einem späteren Zeitpunkt wieder abzurufen, das heißt es entsteht eine Erinnerungsspur im peripheren und zentralen Nervensystem. Daher ist es möglich, dass jemand Schmerzen selbst dann noch spürt, wenn die verursachende Körperstelle wieder ganz gesund ist, weil eine Umstrukturierung der Nervenzellen bei anhaltendem Schmerzerleben eingetreten ist.

Alleine die Schmerzerwartung kann den Schmerz auslösen, wie Studien belegen konnten. Die Angst vor dem Schmerz und die Erwartung, dass er wieder auftritt, führen zu einem Kreislauf, der auch die psychische Verfassung trübt. Gefühle von Hilflosigkeit gegenüber dem Schmerz, Hoffnungslosigkeit, Angst vor dem Schmerz, führen bei chronischen Schmerzpatienten häufig zu depressiven Zustandsbildern.
Das wiederum hat zur Folge, dass man sich nicht nur psychisch angespannt, ängstlich oder unwohl fühlt, sondern gleichzeitig auch körperlich verspannt und damit die Schmerzentstehung fördert; man spricht hier auch von einer Schmerzspirale.

Die Selbstverstärkungsschleife des Schmerzes
Aus vielen Untersuchungen weiß man, dass Schmerzen sich durch Anspannung verstärken und durch Entspannung gelöst oder verringert werden können. Die Angst, dass die Schmerzen übermächtig werden könnten oder nicht mehr aufhören, ist ein weiterer Faktor, der die Schmerzempfindlichkeit erhöht. Dies erklärt sich unter anderem durch die höhere Körperspannung, die ängstliche Menschen haben.

Die Schmerzerwartung alleine führt zu einer ähnlichen physiologischen Reaktion wie die tatsächliche Schmerzreizung. Bei lang anhaltenden Schmerzen leiden viele Menschen an Depressionen, die durch die vermeintliche Hoffnungslosigkeit ihrer Situation entsteht. Depressionen verringern zusätzlich die Schmerztoleranz und führen zu einer Intensivierung des chronischen Schmerzprozesses. Der chronische Schmerzpatient befindet sich in einem »Teufelskreis« der sich gegenseitig verstärkenden Faktoren Schmerz – Spannung – Angst – Depression.
Eine therapeutische Behandlung kann an jedem dieser Punkte beginnen. Hier kann die Klangmassage nach Peter Hess® als Entspannungsmethode ein wesentlicher Bestandteil sein, um die Schmerzspirale zu unterbrechen.

Der Körper kann durch ein Wohlgefühl an der sonst schmerzenden Stelle die Schmerzantwort wieder »verlernen«. Dies kann mit der Klangmassage sehr gut erreicht werden, weil sie ein Wohlgefühl im ganzen Körper und sogar in der zuvor schmerzhaften Stelle bewirkt und damit die frühere Erfahrung löschen kann. Ein Mensch, der sich schmerzfrei bewegen kann, erlebt wieder Lebensfreude und Zuversicht und erreicht damit wieder die positive Aufwärtsspirale.

Die Klangmassage führt rasch in einen Zustand tiefer Entspannung. In der Entspannung arbeitet das Gehirn langsamer und Aktivitäten der rechten Hemisphäre wie Kreativität, Intuition, Imagination und emotionale Intelligenz treten in den Vordergrund. Das vegetative Nervensystem und das Immunsystem werden gestärkt, die Fantasie wächst, so dass durch das Vorstellungsvermögen sogar angst- oder schmerzauslösende Situationen frei, leicht und entspannt erlebt und dadurch geheilt werden können.

Aus der Psychologie der Traumaverarbeitung ist bekannt, dass ein psychisches oder körperliches Trauma einen Schmerz darstellt, der sich häufig »aus heiterem Himmel« wieder zeigt, also erinnert wird, obwohl er längst vergessen war. Wie kommt dieses Phänomen zustande?

Auch diese psychologischen Zusammenhänge wurden in meinem Workshop genau geklärt und dabei gezeigt, wie hier mit der Klangmassage nach Peter Hess® angesetzt werden kann.

War ein »rein psychischer Schmerz«, wie etwa ein Trennungsschmerz, früher etwas ganz anderes als ein »organischer Schmerz«, so verdeutlichen neuere Studien, wie ähnlich die Verarbeitung von körperlichen und psychischen Schmerzen ist.

Aus psychotherapeutischer Sicht ist es nicht unbedingt erwünscht, den Schmerz gleich wieder »wegzumachen«, wenn man davon ausgeht, dass er ja eine Botschaft enthält, beispielsweise aus systemischer Sicht, die beste Lösung für das System, die sich im Moment bietet.
Ziel ist es vielmehr, die Bedingungen so zu verändern, dass der Schmerz nicht mehr nötig ist. Erste Schritte in der Arbeit können sein, mehr Schmerzkontrolle durch einen besseren Umgang mit dem Schmerz zu erzielen, den Schmerz zu würdigen für seine Funktion und ihm einen bestimmten Platz zu geben.

Wenn bei der ersten Sitzung der Schmerz weg ist und bei der zweiten Sitzung der Klient kommt und sagt: »Alles ist viel schlimmer geworden!«, dann ist das ein sicherer Hinweis darauf, dass viele systemische Faktoren – intrapsychisch, sozial, etc. – mit dem Schmerz verknüpft sind! Dann nützt eine rein symptomorientierte Behandlung nichts.

Der Einfluss der Klangmassage auf Schmerz

Meine eigenen und die Erfahrungen der Workshopteilnehmer stimmen darüber überein, dass Klangmassage bei Schmerzen phänomenale Wirkungen erzielen kann. Die Schmerzen verändern sich meistens, häufig bessern sich die Beschwerden enorm oder sie verschwinden ganz. Ein ganzheitliches Wohlfühlen bewirkt den Beginn der Aufwärtsspirale sowohl in psychischer wie auch in somatischer Hinsicht. Während das Schmerzgedächtnis wieder durch angenehme Erfahrungen und »Gutes Anfühlen« an den schmerzhaften Stellen verschwindet, also die frühere Schmerz-Erfahrung sowie Schmerz-Erinnerung löscht, entsteht auch psychisch wieder eine optimistische, positive Einstellung mit mehr Lebensfreude und Zukunftsperspektive.

Zumindest kann meistens eine Vordergrund-Hintergrund-Verschiebung erreicht werden und dadurch eine zeitweilige Entlastung erfolgen (der Schmerz wird im Hintergrund wahrgenommen, im Vordergrund wird ein Wohlgefühl erlebt).

Dadurch dass der Körper in eine Tiefenentspannung kommt, kann ein ganz neues, gelöstes, höchst angenehmes Körpergefühl aufgebaut werden, das Selbstvertrauen, Selbstkompetenz, lustvolles Körperempfinden fördert und ein »In Einklang mit sich selber sein« bewirkt. Der Schmerz kann abfließen und die seelisch-körperlich-geistige Harmonie und Balance wiederhergestellt werden. Die individuellen Ressourcen zur Heilung werden angesprochen, Selbstheilungskräfte werden aktiviert.

Daher ist der Einsatz der Klangmassage bei Schmerzen, Verspannungen, allgemeinen Befindlichkeitsstörungen, psychischen Belastungs- und Stresssituationen, bei Burn-out-Syndromen sowie zur Schmerzprophylaxe und allgemeinen Psychohygiene sehr hilfreich und äußerst wirksam.

Erfahrungen aus der Praxis

Häufig kommen Menschen mit Verspannungen im Rücken- und Nackenbereich, die sich mit Hilfe der Klangmassage zumeist sehr schnell und erfolgreich bessern oder heilen lassen. Bei einer solchen Klangbehandlung kann es zu den verschiedensten Reaktionen kommen.

Es tauchen oft alte Schmerzen wieder auf, die im Schmerzgedächtnis gespeichert sind. Das darf uns nicht erschrecken, denn die Schmerzen ziehen durch und werden durch die Behandlung wieder ein Stück weit geheilt. Der Körper braucht die Erfahrung, dass alles wieder in Ordnung ist und je häufiger er die Erfahrung macht, desto wohler fühlt sich der entsprechende Körperteil und umso mehr wird der Schmerz wieder aus dem Gedächtnis gelöscht.

Alte Schmerzen können sein:

- Körperlicher Natur, zum Beispiel frühere Schmerzgefühle von einem längst verheilten Armbruch, Zahnschmerzen
- Psychischer Natur, wie Trauer oder Ängste, die noch in bestimmten Körperteilen gespeichert sind und es daher wichtig ist, sie wieder aus diesen Regionen zu befreien. Verschüttete oder verdrängte Gefühle kommen so wieder an die Oberfläche und können, wenn sie zugelassen und bewusst erlebt werden, aufgelöst und geheilt werden

Die Erfahrungen aus der Praxis zeigen, dass sich die Schmerzen nach der Klangbehandlung fast immer verändern, meistens sind sie besser oder leichter, oft können sie sogar ganz aufgelöst werden.

Schon bei der Fußreflexzonenmassage mit Klang, zu Beginn einer Klangmassage (die ja auf den ganzen Körper wirkt), können irgendwo im Körper Symptome auftreten, die im Laufe der Behandlung wieder verschwinden.

Es kann auch vorkommen, dass verschiedene Symptome, Schmerzen, Trauer, Erinnerungen an Schmerzliches im psychischen Sinne hochkommen und während der Sitzung erlebt werden, da sie sich befreien wollen. Am Ende der Behandlung sollte dieser Prozess jedoch weitestgehend abgeschlossen sein und mit einem harmonischen Wohlgefühl des Behandelten enden.

Fußreflexzonenmassage mit Klang

Ich erlebe immer wieder, dass Klienten nach einer Klangmassage wirklich »gelöst wie ein Baby« aussehen. Es ist von außen deutlich zu erkennen, dass während der Behandlung viel Schweres von ihnen abgefallen ist.

Fallbeispiele

- Bei einer Klientin mit akuten Kopfschmerzen waren die Schmerzen nach der Behandlung völlig verschwunden. Die Klientin konnte es kaum glauben.

- Eine 56 Jahre alte Frau hatte bei ihrer ersten Klangmassage eine Erinnerung, wie sie als Kind geschlagen wurde. Auch dieses Trauma löste sich während der Behandlung in ein ganzkörperliches harmonisches Wohlgefühl auf, bei dem tiefe Wunden geheilt werden konnten. Die im Körper noch gespeicherten alten Informationen wurden zu neuen angenehmen Körpererfahrungen transformiert.

- Bei einer psychotherapeutischen Sitzung mit einem 10-jährigen Jungen bearbeitete ich sein immerwährend auftauchendes Thema, die eigenen Aggressionen in den Griff zu bekommen. Er ging zu einer Klangschale und trommelte einige Zeit mit dem Schlägel zuerst energisch, dann langsamer auf sie ein bis er erstaunt bemerkte: »Danke Klangschale, du hast mir meine Wut genommen!«

- Eine Klientin mit akuten Herzrhythmusstörungen und Schmerzzuständen in der Herzgegend kam zu mir. In diesem Fall konnte mit einer sanften Klangbehandlung in der Aura, weit weg vom Körper, eine deutliche Beruhigung im akuten Zustandsbild bewirkt werden.
  In einem solchen Fall sollte nie eine direkte Behandlung im Herzbereich erfolgen. Außerdem sollten die Symptome vor einer Behandlung von medizinischer Seite abgeklärt werden. In diesem Fall lagen Herzrhythmusstörungen vor, die auch medikamentös behandelt wurden.

- Eine Klientin, die Masseurin ist, berichtete nach einer Klangmassage, sie hätte einen »richtigen Knoten« im Solarplexus gehabt, der üblicherweise erst nach einer Stunde Massage leichter wird, mit der Klangmassage sei er jedoch innerhalb weniger Minuten verschwunden.

Schmerzbehandlung mit Klangmassage
Bei einer Klangmassage zur Behandlung von Schmerzen kann es zu folgenden Wirkungen kommen, beziehungsweise sind folgende Punkte zu beachten:

- Allgemeine Harmonisierung wirkt meist schon lindernd.
- Mit zunehmender Entspannung des Körpers kann der Schmerz zunächst in den Vordergrund treten (Reaktion des Körpers um die Homöostase wiederherzustellen = Traumaverarbeitung). Wenn der Entspannungs-Prozess weitergeführt wird, können die Schmerzen jedoch schnell verschwinden und der Körper kann in eine Tiefenentspannung kommen, die er sonst nur schwer erreichen würde.
- Generell wird die Klangmassage zu Beginn der Behandlung niemals direkt im Schmerzbereich, sondern immer außerhalb angewendet. Vorsicht bei akuten Schmerzen!
- Den Punkt finden, von wo der Schmerz ausgeht; beispielsweise bei Kopfschmerzen können Nacken- und Rückenmuskelverspannungen die Ursache sein. Dann wird zunächst an der verursachenden Stelle gearbeitet um diese zu lockern. Ganz wichtig ist eine gute Vorbereitung, in der ein

wirklich bequemes Liegen oft erst durch verschiedenes Ausprobieren einiger Varianten erreicht wird, so dass die Voraussetzung für die Entspannung im Körper überhaupt gegeben ist.

- Einsatz von gezielten Methoden der Klangmassage in der Schmerzbehandlung: Die Klangmassage kennt eine Reihe von speziellen, sehr effektiven Methoden, wie zum Beispiel in der Aura arbeiten, Ausleiten und Ausschöpfen. Diese Techniken können in der Ausbildung und in speziellen Seminaren erlernt werden. Die Erfahrungen damit stellen sich als äußerst hilfreich, vielfältig und bereichernd heraus.

Die Klangmassage nach Peter Hess® kann aber auch begleitend oder ergänzend zu anderen Methoden der Schmerzarbeit erfolgen, wie zum Beispiel:

- Kombination der Klangmassage mit psychotherapeutischen Methoden
- Schmerz mit Klangschalen und Gong zum Ausdruck bringen
- Arbeit mit Metaphern, Symbolen, sinnstiftenden Bedeutungen und Affirmationen
- Präventive Selbsthypnose und Anwendung von Entspannungsverfahren
- Arbeit mit dem/der »inneren Heiler«
- Hypnotherapeutische Trancearbeit – assoziative und dissoziative Techniken
- Entspannungs- und Atemübungen
- Gestalt-Übung sowie kreative Ausdrucksformen
- Time-Line-Arbeit
- Kommunikation mit dem Schmerz

PSYCHOSOMATIK UND KLANG

Christine Vogel

In der Klangeinstimmung beim 3. Klang-Kongress 2006 in Dortmund wurde auch ein Text gesprochen. Darin hieß es an einer Stelle: »Du bist einzigartig. Niemand auf der ganzen Welt ist so wie Du!« Dieser Satz gibt Antwort auf den von vielen Teilnehmern des Workshops geäußerten Wunsch nach »Rezepten« für bestimmte Störungen, Probleme, Krankheiten.

Die Hintergründe einer jeden Erkrankung sind individuell verschieden, daher müssen auch Lösungen individuell gefunden werden.

Die gemeinsame Voraussetzung ist dabei das »Loslassen« – von alten Strukturen, Mustern, Glaubenssätzen, Gewohnheiten, Zielsetzungen und Ähnlichem. Für dieses Loslassen ist Klang das ideale Medium, das gleichzeitig Entspannung mit Lösung von Blockaden, wohlige Geborgenheit und die Aktivierung von Lebensenergie bewirkt. All diese Faktoren sind wichtig, damit Festgefahrenes, Schädliches gelöst und Neues, Heilsames entdeckt, aktiviert und verankert werden kann.

Wie auch in der Podiumsdiskussion und im Bericht über das Autogene Training erwähnt wurde, bedarf es dazu aber auch des Bewusstseins, der Selbstverantwortung, der Kraft des Willens und der Gedanken. Dies ist der Bereich der individuell zu gestaltenden Arbeit.

Besonders geeignet für die Kombination mit Klang sind hypnotherapeutische Verfahren sowie auch das Autogene Training als leicht zu erlernende, eigenständig anwendbare Methode.

Ich nutze dabei den Urvertrauen stärkenden Klangraum der Klangschalen für die Arbeit an Ressourcen und Lösungen. In diesem Klangraum werden – durch Fantasiereisen, geführt oder frei imaginiert – Ressourcen und Potentiale aufgedeckt, Lösungsansätze und positive Erfahrungen »erlebt« und gespeichert, erarbeitete Affirmationen verankert. So kann der Klang der Klangschalen Lösungs- und Heilungswege öffnen, begleiten und verstärken. In regelmäßiger

Wiederholung führt dies zu der gewünschten Konditionierung und Neubahnung neuronaler Verknüpfungen. Der Klangraum kann dann wie ein sich allmählich füllendes »Schatzkästchen« für die neuen Lebenserfahrungen dienen.

Zum Aufdecken alter, schmerzhafter, krankmachender Erfahrungen nutze ich andere musiktherapeutische Verfahren. Entweder wird dabei aktiv mit diversen archaischen Instrumenten gespielt oder die Methode der GIM (Guided Imagery and Music) angewendet. Beim GIM werden zu speziell zusammengestellter klassischer Musik in entspanntem Zustand auftauchende Bilder und Erinnerungen vom Therapeuten begleitet. Diese werden dann besprochen, bearbeitet und eingeordnet.

Natürlich können auch während einer Klangmassage bekannte schmerzliche Erinnerungen oder Schmerzen auftauchen. Ich würde dies aber nie bewusst fördern oder anregen, da sonst widersprüchliche Botschaften während der Klangmassage im Klienten wirken. Traumatische Erfahrungen in der Kindheit reduzieren zum Beispiel das Urvertrauen, können die Erfahrung von »wohlig« und »schmerzlich« verwirren. Solche dauerhaften Verwirrungen durch Doppelbotschaften sind aber oft der Boden für chronische, speziell auch für psychosomatische Erkrankungen, sollten also auf dem Weg zur Heilung nicht wiederholt werden.

Ferner wurden die verschiedenen Erklärungsmodelle für die sogenannten psychosomatischen Erkrankungen diskutiert, bei denen deutlicher als bei anderen Erkrankungen zu Tage tritt, dass Krankheit immer den ganzen Menschen erfasst, mit Leib und Seele.

Auch die Problematik der von der Schulmedizin als »unheilbar« bezeichneten Krankheiten wurde zum Thema. Es kamen auch die Medizin anderer Kulturen und Ansätze von »ganzheitlicher Medizin« zur Sprache, so auch die Traditionelle Chinesische Medizin und die neuen Erkenntnisse aus Neurobiologie und Psychoneuroimmunologie, die die Richtigkeit der jahrtausendealten Beobachtungen und Erfahrungen der Traditionellen Chinesischen Medizin bestätigen.

Die Lehre vom Energiefluss und seinen Blockaden, vom nötigen Gleichgewicht zwischen Yin und Yang, entspricht dabei unserem naturwissenschaftlichen Wissen von den vielfältigen, sich gegenseitig beeinflussenden Regelkreisen des Organismus (dazu gehören zum Beispiel das vegetative Nervensystem, die hormonellen Regelkreise, die unzähligen Botenstoffe). Die Neurobiologie beweist nun, dass eine Störung, eine Blockade, eine Veränderung im Fließgleichgewicht an einer winzigen Stelle dieses komplexen Systems – wie zu erwarten – Veränderungen im Gesamtsystem verursacht, genau wie es auch die Chinesische Medizin beschreibt.
Es konnte aber auch bewiesen werden, dass die Selbstheilungskräfte unseres Körpers viel stärker sind als bisher angenommen. Allerdings bedarf es dazu wieder der Kraft unseres Willens, unserer Gedanken, der positiven »Inneren Bilder« (G. Hüther: »Die Macht der inneren Bilder«, 2006) und der Fähigkeit des Loslassens. Das heißt aber auch, dass die Arbeit mit Klang und gedanklicher Konditionierung selbst bei als unheilbar geltenden Krankheiten eine Chance über die sonstige Behandlung hinaus bietet, die es zu nutzen gilt.

Praxisbeispiele

Eine Patientin (verheiratet, ein Kind), die wegen einer Lebenskrise bei mir in Therapie war, wünschte sich ein zweites Kind. Wegen Ausbleibens der Menstruation suchte sie ihre Gynäkologin auf. Nach diversen Untersuchungen und hormonellen Behandlungen wurde ihr mitgeteilt, dass sie unwiderbringlich in der Menopause sei, ein Kind könne sie vergessen. Völlig aufgelöst und verzweifelt kam die 35-jährige Frau zur nächsten Therapiestunde. Zunächst eruierten wir daraufhin Konfliktbereiche, die in irgendeiner Verbindung zu ihrem Problem stehen könnten, außerdem vermittelte ich ihr Zuversicht. Mit diesen Erkenntnissen wurde eine Affirmation erarbeitet, die die Patientin während der nun regelmäßig folgenden Klangmassagen in ihrem Inneren dachte und fühlte. Nach drei Monaten kehrte die Menstruation ohne Hormongaben zurück und nach weiteren drei Monaten war sie schwanger. Der Kommentar der Gynäkologin lautete: »Das ist völlig unmöglich!?«
Das gesunde Kind ist jetzt zwei Jahre alt.

Eine andere Frau hatte 25 Jahre vergebliche künstliche Befruchtungen hinter sich. Sie war völlig verzweifelt und voll seelischer und muskulärer Verspannungen.

Nachdem sie zunächst auf eigenen Wunsch Autogenes Training erlernt hatte, ohne dass es ihr gelang, sich dabei zu entspannen, setzte ich gezielt Klangmassagen ein, die mit Entspannungsformeln aus dem Autogenen Training kombiniert wurden. Obwohl diese Patientin der Wirkung des Klanges eher skeptisch gegenüberstand, hatte die Behandlung Erfolg. Sie bekam nun endlich ihr Wunschkind.

Zur gleichen Zeit gab es noch eine dritte Patientin, die nach einer missgebildeten Totgeburt verborgene Ängste hatte und nicht mehr schwanger wurde. Auch hier führten Klangmassagen sehr schnell zum Erfolg.

Gute Erfahrungen mit den Wirkungen der Klangschalen und des Gongs mache ich auch regelmäßig bei der Schmerzbehandlung. Sogar bei Rheumatoider Arthritis konnten Schmerzen stark verringert und selbst Schwellungen reduziert werden.

THERAPEUTISCHE ANWENDUNG DER KLANGMASSAGE BEI TINNITUS

Dr. Uwe H. Ross

Für Klangmassage-Anwender, die die Klangmassage nach Peter Hess® mehr im therapeutischen und klinischen Setting – insbesondere in der Tinnitus-Therapie – etablieren und dazu Kontakt mit Vertretern der Medizin (zum Beispiel Ärzten) aufnehmen wollen, soll dieser Artikel eine kleine Übersetzungshilfe zur Wirkungsweise der Klangmassage sein, um sich auf die Sprache des Gegenüber einstellen zu können.

Begriffsbestimmung

Tinnitus (von lat. tinnire = klingeln) ist ein überaus häufiges Phänomen in westlich zivilisierten Industrienationen und bezeichnet Geräusche oder Töne, die ohne äußere Schallquelle vom Betroffenen im Ohr oder im Kopf wahrgenommen werden. 35-40 Prozent der Bevölkerung nehmen das harmlose, sporadische und vorübergehende Auftreten von Ohrgeräuschen wahr. Etwa acht Prozent der Bevölkerung nehmen ständig Ohrgeräusche wahr, die im Alltag zwar lästig, aber durchaus erträglich sind. Bei circa 0,5-1 Prozent der Menschen in westlichen Industrienationen sind die permanenten Ohrgeräusche mit erheblicher Einschränkung der Lebensqualität und Leid verbunden, in Folge von Hörbeeinträchtigung, Schlaf- und Konzentrationsstörungen, Einschränkungen der Leistungs- und Genussfähigkeit, sozialem Rückzug, Angst und depressiven Verstimmungen.

Interessant ist, dass der Anteil derjenigen, die unter permanentem Tinnitus leiden, »nur« etwa 15 Prozent beträgt (das sind in Deutschland etwa 2,7 Mio. Menschen), während die Mehrheit von 85 Prozent kein größeres Problem mit dauerhaften Ohrgeräuschen hat – und dies unabhängig von Lautheit und Frequenz des Tinnitus! In Kulturkreisen Nordindiens sowie der Indianer Nordamerikas sind Ohrgeräusche ein Grund zur Freude, denn sie zeichnen dort ganz bestimmte Menschen aus, die einen besonderen »Draht« zu den Göttern haben. Das heißt, auch kulturell bedingt hat ein und dasselbe Phänomen eine völlig unterschiedliche Bedeutung. Was ist es also, das den Unterschied macht?

Die emotionale Färbung macht den Unterschied

Ob und inwieweit Ohrgeräusche Anlass zu Leid und Krankheit sind, hängt im Wesentlichen von der gefühlsmäßigen, aber auch von der gedanklichen Bedeutung ab, die sie für den Betroffenen haben. Insbesondere die emotionale Färbung bestimmt, welchen Stellenwert der Tinnitus im Leben des Betroffenen hat – und dies ist individuell sehr unterschiedlich. Auf die Frage, was die Ohrgeräusche auslöst, etwa Angst, Aggression oder Traurigkeit, erhält man sehr verschiedene Antworten. Diese Antworten geben Auskunft darüber, wie der Tinnitus bei dem jeweiligen Betroffenen emotional gefärbt ist. Solange das Ohrgeräusch mit Emotionen wie Angst, Ärger oder Traurigkeit und entsprechenden Körperreaktionen verbunden ist, bleibt das Ohrgeräusch vordergründig im Bewusstsein und verdrängt im Verlauf oft andere freudvolle (Lebens-) Inhalte. Für viele Betroffene gilt: Solange der Tinnitus mein »Feind« ist, den ich bekämpfen will, kann ich ihn nicht aus dem »Blick« lassen. Erst wenn aus dem »Feind« ein »Begleiter« wird, dem ich mit Gelassenheit begegne, kann ich meine Aufmerksamkeit wieder anderen Dingen widmen.

Phasengerechte Maßnahmen

Treten Ohrgeräusche erstmals anhaltend auf, sollten sie zunächst auf auslösende Ursachen hin vom HNO-Arzt untersucht und gegebenenfalls behandelt werden (zum Beispiel Hörstörungen des Innenohres oder der Hörnerven, Verknöcherung des Steigbügels am Innenohr). Auch können muskuläre Dysbalancen der Hals- und Kiefermuskulatur Ohrgeräusche oder Druckgefühle auf den Ohren bedingen. Das akute Auftreten von Ohrgeräuschen oder auch einer akuten Hörminderung stellt nach aktueller Auffassung keinen Notfall mehr dar, sondern allenfalls einen Eilfall, der innerhalb einer Woche abgeklärt und ggf. behandelt werden sollte, denn die spontane Heilungsrate ist erstaunlich hoch, nämlich 60-80 Prozent. Panikmache ist hier unnötig stressfördernd. Vielmehr kann bereits in der Frühphase seines Auftretens auf eine neutrale Bewertung des Ohrgeräusches mit Ruhe und Gelassenheit hingewirkt und somit einer Chronifizierung vorgebeugt werden.

Hier eignet sich neben klassischen Entspannungsverfahren, wie progressive Muskelentspannung nach Jacobson u. a., natürlich auch die Klangmassage nach Peter Hess®, um einen Stress reduzierenden, psycho-vegetativen Ausgleich zu schaffen (siehe Abb. 1). Viele Betroffene, denen es aufgrund ihrer zahlreichen Alltagsaktivitäten schwerfällt, überhaupt einmal »runterzuschalten«, empfinden die Klangmassage als sehr entlastend, zumal sie hier nicht »schon wieder etwas tun« müssen, sondern einmal passiv sein dürfen.

Stressreduktion in der Frühphase

Wenn auslösende Ursachen auf somatischer Ebene HNO-ärztlich untersucht und gegebenenfalls behandelt sind, geht es bei Fortbestehen störender Ohrgeräusche in der Tinnitus-Therapie um die positive Beeinflussung aufrechterhaltender Ursachen auf der seelischen und sozialen Ebene des Betroffenen. Denn besondere psycho-soziale Belastungen (Stress), neuromuskuläre Verspannungen oder Blockaden sowie eine unwillkürliche, »negative« emotionale Färbung wirken sich verstärkend und chronifizierend auf den Tinnitus aus. Und genau hier kann die Klangmassage überaus hilfreich sein (siehe Abb. 1), indem sie die Entspannung fördert und dem von Tinnitus Betroffenen auch wieder spürbar angenehme Klangerfahrungen ermöglicht.

Moderne Tinnitus-Therapie

Ziel der Tinnitus-Therapie ist es, die »negative« emotionale Färbung und gedankliche Bewertung der Ohrgeräusche zu relativieren und so eine Gewöhnung (Habituation) zu erreichen. Denn grundsätzlich besitzen wir diese Fähigkeit zum gelassenen Umgang mit Dauerreizen, etwa dem Berührungsreiz unserer Textilien. Und dies kann man auch in Bezug auf Ohrgeräusche lernen. Mit Aufkommen des Neurophysiologischen Tinnitus-Modells zu Anfang der 90er Jahre fand die Tinnitus-Retraining-Therapie (TRT, von engl: retrain = umlernen) der Hörforscher Jastreboff (USA) und Hazell (Großbritannien) weltweit Verbreitung und ist seither international therapeutischer Standard. Sie umfasst neben einer ausführlichen HNO-ärztlichen Beratung über auslösende und aufrechterhaltende Tinnitus-Ursachen im Fall einer Hörminderung die Versorgung mit Hörgeräten oder – bei Normalgehör – die Anpassung von Rauschgeräten, die über eine Teilmaskierung des Tinnitus über 1,5 bis 2 Jahre zu einer Gewöhnung führen sollen. Daneben sind je nach Betroffenheit und Belastungsgrad Entspannungsverfahren und andere psychologische Maßnahmen hilfreich. Auch wenn der Tinnitus bereits mehr als 12 Monate besteht, ist die Klangmassage zur psycho-vegetativen Umstimmung der Tinnitus-Wahrnehmung ebenfalls sehr hilfreich. Sie sollte jedoch nicht mit der Haltung, den Tinnitus beseitigen zu wollen, eingesetzt werden, sondern vielmehr in der Absicht, die Auswirkungen des Ohrgeräusches auf emotionaler und vegetativer Ebene zu modulieren, neue positive Klangerfahrungen zu vermitteln und damit die Betroffenheit zu mildern. Insbesondere bei schwerem und sehr schwerem Belastungsgrad sind hierzu nicht selten auch psychotherapeutische Maßnahmen notwendig.

Die Wirkung der Klangmassage aus neurobiologischer Sicht

Die Wirkungsweise der Klangmassage bei störenden Ohrgeräuschen kann aus neurobiologischer Sicht so erklärt werden: Mit Hilfe der Klangschale auf dem Bauch oder Kreuzbein (zum Beispiel tief tönende Beckenschale) werden im Gehirn somato-sensorische Nervenzellnetzwerke beziehungsweise Karten (Körpergedächtnis) aktiviert, die mit innerer Ruhe, Frieden, Sicherheit oder Geborgenheit verbunden, das heißt emotional »positiv« besetzt sind. Lässt man den Tinnitus-Betroffenen, während er in einem solchen Zustand ist, gleichzeitig auf sein Ohrgeräusch fokussieren, werden die aktivierten, positiv besetzten, somato-sensorischen Nervenzellnetzwerke mit der Tinnitus bezogenen, emotional »negativ« besetzten Nervenzellaktivität verknüpft, woraus neue synaptische Verbindungen entstehen. So wird die Tinnitus-Wahrnehmung systematisch mit einer Entspannungsreaktion verknüpft, was den Habituations-Vorgang (Gewöhnungs-Vorgang) an das Ohrgeräusch erleichtert.

Gegenkonditionierung mittels Klangmassage

Da ängstliche Erregung und körperliche Entspannung natürlicherweise nicht gleichzeitig bestehen können (Prinzip der »reziproken Hemmung«), lässt sich über eine solche systematische Desensibilisierung auf seelischer Ebene eine Neuverknüpfung der Tinnitus-Wahrnehmung mit positivem Erleben erreichen (Abb. 2/2.). Die Klangmassage lässt sich also therapeutisch im Sinne einer »Gegenkonditionierung« anwenden, wie es in der Verhaltenstherapie heißt (Abb. 2/3.).

Bilaterale Stimulation

Bei einseitigem Tinnitus hat sich – nach Etablierung eines Zustands der Sicherheit und Entspannung (Beckenschale) – das langsame, wechselweise sanfte Anschlagen der Herzschale in Nähe des Tinnitus- beziehungsweise Gegenohres mit der Aufforderung an den Betroffenen, dem Ton der Herzschale zu folgen, bewährt (Abb. 3). Ähnlich wie bei der psychologischen EMDR-Technik (Eye Movement Desensitation Reprocessing) kann angenommen werden, dass auch hierbei über die Stimulation der Nervenzellnetzwerke beider Hirnhemisphären synaptische Neuverknüpfungen und Aktivitätsmuster auf Nervenzellebene eine emotionale Um- beziehungsweise Neubewertung des Tinnitus und eine Gewöhnung begünstigen.

Ungeachtet dessen, auf welche Weise die emotionale Neubewertung des Tinnitus und Gewöhnung beim Betroffenen erfolgt, hat dies zur Folge, dass der Tinnitus im Verlauf immer öfter und länger in den Hintergrund treten kann, so dass der Belastungsgrad sinkt und das Ohrgeräusch sogar gänzlich »vergessen« wird.

Fazit

Die Klangmassage bei störendem Tinnitus ist hilfreich zur:

- Psycho-vegetativen Entspannung
- Aktivierung innerer Ressourcen über das Körpergedächtnis (somato-sensorische Karten)
- Ermöglichung positiver auditiver Referenzerfahrungen
- Förderung der positiven, emotionalen Neubewertung des Tinnitus im Sinne einer »Gegenkonditionierung« zur Erleichterung der Habituation (Gewöhnung)

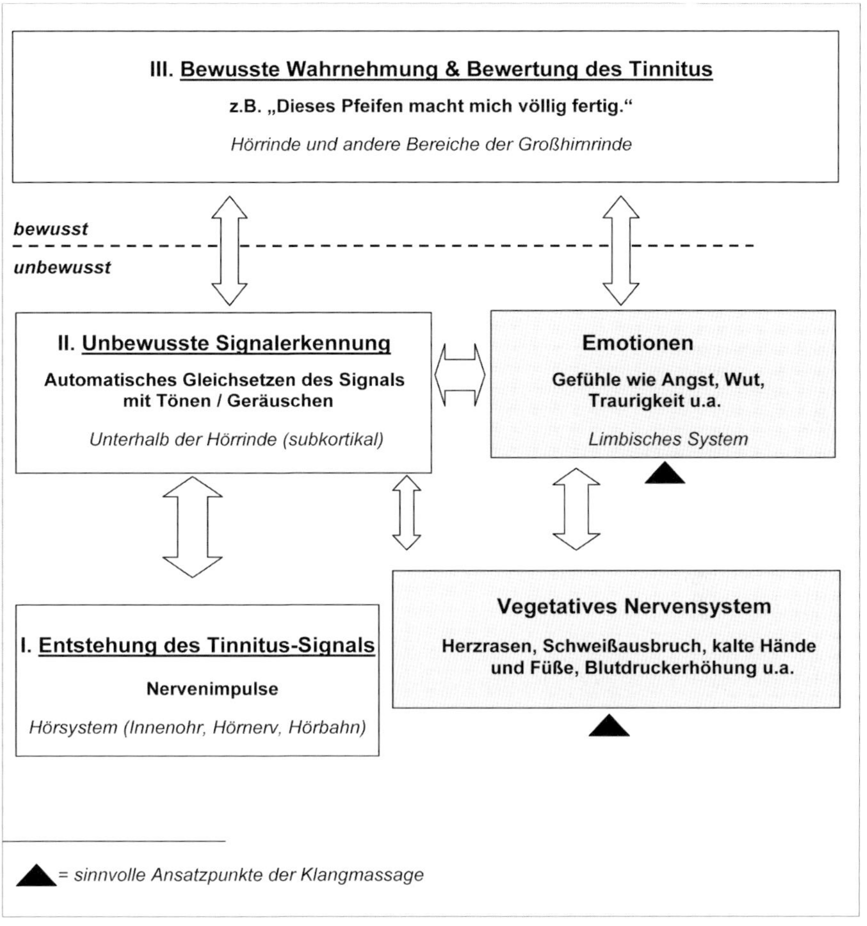

Abb. 1:
Schematische Darstellung der Entstehung und Aufrechterhaltung störender Ohrgeräusche (nach Jastreboff & Hazell 1993): I. Auslösende Ursachen im Hörsystem führen zur Entstehung eines Signals (Nervenimpuls). II. Unbewusste Signalerkennung unterhalb der Hirnrinde und automatisches Gleichsetzen des Signals mit Tönen / Geräuschen. Gefühlsmäßige unwillkürliche »Färbung« des Signals mit Angst, Wut, Traurigkeit u. a. durch das Limbische System. Dadurch kommt es zur Verstärkung der automatischen Signalerkennung und zur Aktivierung des autonomen Nervensystems mit der Auslösung von Stressreaktionen. III. Bewusste Wahrnehmung und gedankliche Bewertung des Tinnitus unter Beteiligung der Hörrinde und anderer Bereiche der Großhirnrinde.

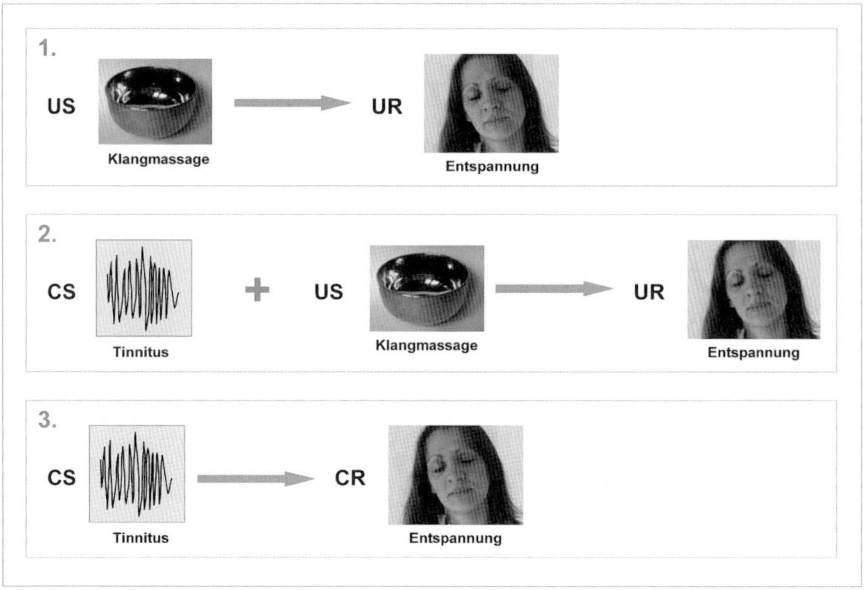

Abb. 2:

Prinzip der Gegenkonditionierung mit Klangschalen: Wiederholte Verknüpfung des emotional negativ erlebten Tinnitus (CS = konditionierter Stimulus) mit der natürlichen Entspannungsreaktion (UR = unkonditionierte Reaktion) führt im Verlauf zu einer neu erlernten Entspannungsreaktion auf den Tinnitus (CR = konditionierte Reaktion) / (US = unkonditionierter Stimulus).

Abb. 3:

Bilaterale Stimulation. Das langsame, wechselweise sanfte Anschlagen der Herzschale (!) in Nähe des Tinnitus beziehungsweise Gegenohres mit der Aufforderung an den Betroffenen, dem Ton der Herzschale zu folgen, hat sich insbesondere bei einseitigem Tinnitus bewährt.

KLANGMASSAGE IN DER KOMBINIERTEN ANWENDUNG MIT DER KLASSISCHEN MASSAGE

Alexander Beutel

Seit einigen Jahren wende ich die Klangmassage nach Peter Hess® bei Massage-Klienten in Kombination mit Klassischer Massage an. Dies ist sowohl bei Klienten, die Ganzkörper- oder Teilmassagen zum allgemeinen Wohlbefinden beziehungsweise zur vorbeugenden Gesunderhaltung wünschen als auch bei Klienten mit unterschiedlichen Verspannungs- und Schmerzsymptomatiken möglich. Die positive Wirkung des ergänzenden Klangangebotes wird von den Klienten meist unmittelbar wahrgenommen, da sich nicht nur die Wirkung der Massage intensiviert, sondern auch die Körpereigenwahrnehmung der Klienten verbessert wird.

In den kombinierten Behandlungen kommen Klangschalen zunächst zu Beginn der Behandlung zur Anwendung. So hat der Klient die Möglichkeit »anzukommen«, den oft von Stress geprägten Alltag hinter sich zu lassen, sich zu öffnen und sich auf die nun folgende Behandlung einzustellen. Die Körperwahrnehmung wird gesteigert, und durch die Entspannung, die schon nach wenigen Minuten durch den Klang entsteht, tritt bereits eine erste muskuläre Reaktion ein. Begonnen wird die Behandlung mit einer Klangmassage an den Reflexzonen der rechten und linken Fußsohle mit einer Universalschale. Es folgt dann eine Einstimmung über die Mitte des Rückens mit einer Beckenschale.

Im Verlauf der weiteren Massage, besonders bei körperlichen »Problemzonen«, wie bewegungseingeschränkten Gelenken, muskulären Spannungserhöhungen, begleitet von Schmerz, integriere ich dann eine weitere Klangsequenz. Bei der Behandlung der »Problemzonen« bewährt es sich, im Umfeld eines verspannten oder schmerzhaften Gebietes mit einer Universalschale sanft zu lockern, bevor weitere Massagetechniken zur Anwendung kommen. Eine leichte Erwärmung der Klangschale, zum Beispiel durch einen Wärmeträger, kann sich günstig auswirken. Im Anschluss an gezielte Massagetechniken können nochmals mit einer für die Region »passenden« Klangschale Impulse gesetzt werden. So werden durchblutungsfördernde und spannungssenkende

Massagereize unterstützt, eine »Neuordnung« kann entstehen, das angenehme Körpergefühl des Klienten wird »verankert«. Bei extremer Schmerzempfindlichkeit (lat. Hyperästhesie) stellt die Klangmassage, mit ihrer mechanisch sehr sanften, unterschwelligen Reizsetzung durch die Klangschalen, eine sehr gute Alternative zu den oft nicht durchführbaren, tiefer wirkenden Massagegriffen dar.

Den Abschluss der Massage bilden wieder die Klangschalen. Dabei wird erneut die Mitte des Rückens angesprochen sowie ein Klang- und Energiefluss mit mehreren Klangschalen erzeugt. So kann der Klient nachspüren, das entspannte Körpergefühl, die entstandene Schmerzfreiheit beziehungsweise -verminderung und das »Sich-Wohlfühlen« genießen.

Durch die Behandlung wird bei dem Klienten:

- Ein »Sich-Wohlfühlen« vermittelt
- Allgemeine Entspannung herbeigeführt
- Auf das vegetative Nervensystem eingewirkt (parasympathische Wirkung)
- Der Blutdruck normalisiert
- Der Spannungszustand besonders der quergestreiften Muskulatur beeinflusst
- Schmerz gemindert
- Energetische Stauung beeinflusst

Arbeitsmaterial

Benötigt wird zumindest eine Universalschale mit ein bis zwei Schlägel.
Besser eignet sich ein Basisset (Becken-, Herz- und Universalschale) inklusive passender Schlägel.

Physiologische Betrachtungen zur Wirkung bei der Klassischen Massage in Kombination mit der Klangmassage

Die Klassische Massage in Kombination mit der Klangmassage nach Peter Hess® wirkt unter anderem auf das vegetative Nervensystem.
Dieses besteht aus dem Sympathikus und dem Parasympathikus.
Beide Anteile des vegetativen Nervensystems steuern autonom alle Vitalfunktionen des Körpers, wie etwa Atmung, Verdauung, Sekretion, Stoffwechsel,

Wasserhaushalt, ebenso aber auch Blutgefäße, Muskeln und Haut.
Nur durch das genau abgestimmte Wechselspiel der beiden Anteile kann das Zusammenwirken der einzelnen Teile des Körpers optimal gewährleistet werden. Ein gesunder Mensch hat ein ausgeglichenes vegetatives Nervensystem.

Die Hektik des Alltags, Umweltbedingungen, Erfolgszwang und viele andere Einflüsse bewirken, dass viele Menschen ein unausgeglichenes Vegetativum haben. So gibt es eine wachsende Zahl von Männern und Frauen, deren Erkrankungen und »Probleme« daher rühren, dass sie sich in einer vegetativen Disharmonie befinden. In den allermeisten Fällen überwiegt hier der Sympathikus.
Klangmassage nach Peter Hess® in Kombination mit einer klassischen Entspannungsmassage wirkt dämpfend auf den Sympathikus, das heißt, die Patienten werden ruhiger und entspannter und schlafen zuweilen sogar ein. Nach der Behandlung besteht ein Gefühl tiefer Ruhe und Entspanntheit.

Vibration, als eine der Grundtechniken der Klassischen Massage, bewirkt Tonusregulierung der quergestreiften Muskulatur, leichte Durchblutungsförderung und somit Stoffwechselverbesserung sowie allgemeine Beruhigung. Darüber hinaus wird ihr eine vegetative Wirkung zugesprochen. Auch die am Körper aufgelegten Klangschalen erzeugen eine sanfte, kontinuierliche Vibration in den behandelten Regionen.

Zu Verspannungen (lat. Hypertonus) in der Muskulatur kommt es meist aufgrund von Fehl- oder Überbelastung, sie können aber auch durch vegetative Störungen oder psychische Probleme entstehen. Klangschalen führen hier über ihre konkrete Vibration zu einer Entspannung der quergestreiften Muskulatur. Auch beobachten wir durch den Einsatz von Vibrationen eine detonisierende Wirkung auf die glatte Muskulatur des Körpers. So können sich zum Beispiel Spastiken im Magen-Darmbereich und damit einhergehende Dysfunktionen, wie beispielsweise Obstipation (Verstopfung) lösen.

Der Körper verfügt über verschiedene Rezeptoren (Empfangseinrichtungen des Körpers für spezifische Reize).

Im Zusammenhang mit der Massage beziehungsweise Klangmassage spielen im Wesentlichen die Nozizeptoren und Mechanorezeptoren eine Rolle. Nozizeptoren leiten durch Schmerz verursachte Reize über pathische Fasern (Pathos = Schmerz) zum Rückenmark, von dort weiter zum Hirnstamm und zum Großhirn. Mechanorezeptoren (Berührungsempfänger) leiten Reize weiter, die durch Berührungen hervorgerufen werden, wie sie zum Beispiel bei der Klassischen Massage in Kombination mit der Klangmassage entstehen. Diese Berührungswahrnehmungen werden über bestimmte Nervenbahnen bis in höhere Abschnitte des Zentralnervensystems weitergeleitet und dort als angenehme Berührungsempfindung wahrgenommen.
Die Nervenbahnen besitzen Verbindungen, die zu anderen Nervenzellen, sogenannten Hemmzellen, führen. Wird die Hemmzelle erregt, schickt sie ihre Impulse zur selben Nervenbahn, die auch durch den Nozizeptor erregt wird, was bedeutet, dass die vom Nozizeptor aufgenommenen und weitergeleiteten Schmerzimpulse bei gleichzeitiger Erregung der Hemmzelle blockiert, gehemmt, ja sogar ausgelöscht werden können. In der Fachliteratur wird in diesem Zusammenhang von »Gate Control« gesprochen.

Abschließende Anmerkungen

In den grundlegenden Wirkmechanismen, aber auch in der Technik, bestehen Ähnlichkeiten zwischen der Klangmassage und der Klassischen Massage.

- So zeichnen sich zum Beispiel beide Behandlungstechniken durch sanfte, gleichmäßige, sich rhythmisch wiederholende Reizsetzung aus
- Es lassen sich Elemente aus der Klangmassage sehr gut zu Beginn, während und am Ende einer Massagebehandlung einsetzen
- Die Behandlung der Fußreflexzonen mit einer Universalschale eignet sich generell als Vorbereitung für fast alle Massagetechniken, besonders aber auch für die Fußreflexzonenmassage
- Bei der Kombination mit der Klangmassage sollten die allgemeinen Richtlinien und Prinzipien der Klassischen Massage berücksichtigt werden, besonders wenn es sich um medizinische Indikationen handelt
  Hinweis: Medizinische Kenntnis ist hierbei unbedingt erforderlich
- Die Kontraindikationen der Klassischen Massage sind unbedingt zu beachten
- Wird die Klangmassage als eigenständige, die Massage ergänzende Therapie

durchgeführt, sollte die Behandlung an Tagen zwischen den Klassischen Massagebehandlungen stattfinden

- Steht allgemeine muskuläre Entspannung, allgemeiner Einfluss auf die vegetative Ausgangslage oder allgemeine Steigerung der Immunabwehrkräfte im Vordergrund, kann die Klangmassage in ihrer klassischen Form unter Berücksichtigung der individuellen Situation des Klienten durchgeführt werden
- Keine Heilversprechungen machen!

KLANGMASSAGE UND LYMPHDRAINAGE

Alexander Beutel

Die Kombination von Manueller Lymphdrainage mit der Klangmassage nach Peter Hess® stellt eine ergänzende Möglichkeit im Rahmen der physikalischen Therapie dar.
Aufgrund meiner langjährigen praktischen und theoretischen Unterrichtstätigkeit in der Manuellen Lymphdrainage sowie in der Klangmassage sehe ich in den grundlegenden Wirkmechanismen der beiden Methoden Ähnlichkeiten. So zeichnen sich beide Behandlungstechniken zum Beispiel durch eine sanfte, gleichmäßige und sich rhythmisch wiederholende Reizsetzung aus.

Wie die Manuelle Lymphdrainage kann auch die Klangmassage:

- Ein Wohlfühlen vermitteln und allgemeine Entspannung herbeiführen
- Auf das vegetative Nervensystem einwirken (parasympathische Wirkung)
- Den Blutdruck senken
- Den Spannungszustand der quer- und längsgestreiften Muskulatur beeinflussen
- Schmerzen mindern
- Die körpereigene Immunabwehr stärken
- Etwas in Fluss, in Bewegung bringen, entstauen

Das Lymphgefäßsystem

Das Lymphgefäßsystem ist ein gesondertes Gefäßsystem des Körpers, das im Gegensatz zum Blutkreislauf keinen geschlossenen Kreislauf bildet.
Es hat die Aufgabe, die nicht reabsorbierte Zwischenzellflüssigkeit sowie die sogenannte »lymphpflichtige Last« aufzunehmen und dem Blutkreislauf zurückzuführen. Darüber hinaus kommt dem Lymphsystem eine wichtige immunologische Bedeutung zu.

Die immunologische Wirkung

Mittels manueller Lymphdrainage/Klangmassage können wir die uns zugänglichen Lymphknoten behandeln. Damit behandeln wir Strukturen im menschlichen Körper, die für das Immunsystem wichtig sind. So können wir mit der

Lymphdrainage/Klangmassage auf das Immunsystem des Körpers einwirken. Das Immunsystem ist für uns ein lebenswichtiges Schutzsystem.
Zwei Mechanismen sind für eine Immunität verantwortlich. Zum einen sind Eiweißkörper (Gammaglobuline) die Träger der Abwehrfunktion, man nennt sie Antikörper. Zum anderen gibt es Zellen (Lymphozyten, Plasmazellen, Phagozyten, Makrophagen), die krankmachende Stoffe unschädlich machen können. Die Lymphozyten zum Beispiel werden in den Lymphknoten produziert.

Allgemein kann man sagen, dass die erfolgreiche Abwehr einer Infektion vom Grad der Resistenz und vom Vorhandensein einer Immunität abhängen.
Diese Resistenz wird sowohl durch genetische als auch durch allgemeine Bedingungen (Ernährung, Überanstrengung, Stress, Krankheit usw.) bestimmt.
Diese Resistenz wird durch die regelmäßige manuelle Lymphdrainage/ Klangmassage mit Sicherheit erhöht.

Allgemeiner Aufbau des Lymphgefäßsystems

- Lymphkapillaren (sogenannte Initiale Lymphgefäße) sind klappenlos, beginnen fingerartig blind im Gewebe
- Praekollektoren besitzen bereits eine Klappe, führen vom Initialen Lymphgefäß in die Tiefe zu den Kollektoren
- Kollektoren (Sammelgefäße) besitzen Klappen »Perlschnur«, haben längsverlaufende, glatte Muskelfasern
- Truncus ist ein großes Sammelgefäß, liegt tief unter der Muskelfascie und im Körperinnern, größter Truncus ist der Ductus Thoratcicus (Milchbrustgang); er endet im oberen linken Venenwinkel »Terminus«
- Lymphknoten sind in das Lymphgefäßsystem eingebettet, sie wirken als Filter und sind unter anderem auch für die Neubildung von Lymphozyten verantwortlich

Allgemeine praktische Empfehlungen

Es lassen sich Elemente aus der Klangmassage sehr gut zu Beginn und am Ende einer Lymphdrainagebehandlung einsetzen.

Bei der Klangmassage sollten die allgemeinen Richtlinien des Behandlungsaufbaus der Manuellen Lymphdrainage berücksichtigt werden, besonders wenn es um den Schwerpunkt Entstauung/Ödeme geht.
Medizinische Kenntnis ist hierbei unbedingt erforderlich, ebenso eine Ausbildung in der Manuellen Lymphdrainage.

Bitte machen Sie niemals Heilversprechungen!
Die Klangmassage als alleinige Therapie bei Ödempatienten durchzuführen, ist auf keinen Fall ratsam. Hier muss die Komplexe Physikalische Entstauungstherapie (kurz: KPE), durchgeführt von geschulten Physiotherapeuten oder Masseuren, im Vordergrund stehen. Alles andere wäre unverantwortlich. Darüber hinaus könnte die Klangmassage bei diesen Patienten aber eine gute ergänzende und begleitende Unterstützung, zum Beispiel an den Tagen zwischen den Lymphbehandlungen, darstellen.

Steht der Aspekt muskuläre Entspannung, Einfluss auf die vegetative Ausgangslage oder allgemeine Steigerung der Immunabwehrkräfte im Vordergrund, kann die Klangmassage in der klassischen Form unter Berücksichtigung der individuellen Situation durchgeführt werden.

Bei der Ausführung beider Techniken ist es besonders wichtig, das in einem langsamen, gleichmäßigen Rhythmus gearbeitet wird. Nur so ist die jeweils erwünschte Wirkung zu erreichen.
Bei zu schnellem Arbeiten wird ein gegenteiliger Effekt erzielt: Die Behandlung würde den Patienten aufregen, ihn nervös machen.

HINTERGRÜNDE ZUM EINSATZ DER KLANGMASSAGE IN DER ERGO- UND PHYSIOTHERAPIE

Ursula Kleinschmidt

Physio- und Ergotherapie haben sowohl spezifische als auch gemeinsame Behandlungsziele und Methoden. Klangschalen und Gongs können auch hier als therapeutisches Medium zum Einsatz kommen. Der Workshop wendete sich an Therapeuten/innen beider Berufsgruppen, die in ihrer praktischen Arbeit am Patienten Klangschalen einsetzen möchten.

Die teilnehmenden Therapeuten/innen stellten Fragen nach Anwendungserlaubnis und Wirkung wie beispielsweise:

- Darf man Klangschalen zur Therapie einsetzen?
- Welche Wirkungen sind nachweisbar?
- Wie kann ich die Anwendung therapeutisch begründen?

Doch diese Fragen sind »ein weites Feld«, es ist noch wenig erforscht und noch weniger durch Studien belegt. Aber kann deshalb das, was auf Erfahrungen beruht, weniger wert sein?

Erfahrungen haben einen besonderen Wert, auch einige Behandlungsmethoden wie beispielsweise das Bobath-Konzept, sind empirisch entstanden und wurden erst im Nachhinein mit Erklärungsmodellen begründet und untermauert. Hier sehe ich Parallelen und deshalb bin ich hoffnungsvoll, dass es in Zukunft auch zum Thema Klangmassage nach Peter Hess® eindeutige wissenschaftliche Erklärungen geben wird.

Einige Aspekte und Aussagen aus meinem Vortrag

Therapie kann verschiedene Ziele zur »Verbesserung« (Heilung) und »Erhaltung/Prophylaxe« beinhalten. Heilung bedeutet nicht nur die Reduzierung von Schmerzen, sondern auch eine Veränderung des Lebens sowie der Einstellung zum Leben und ist ein Prozess, der im Innersten jedes Menschen beginnt.

In diesem Sinn sollten wir den Patienten eine ganzheitliche Behandlung anbieten, diese muss den Menschen als etwas Ganzes erfassen und niemals nur ein einzelnes Symptom.

Wirkung der Therapie

Dass Therapie etwas nutzt, dass etwas bewirkt wird, verdanken wir in erster Linie der Plastizität des Gehirns – das Gehirn kann sich verändern. Es passt seine Aktivitätspotentiale den jeweiligen Anforderungen/Umweltbedingungen an, vergleicht und legt neue Lernspuren an. Diese Plastizität haben wir bis ins hohe Alter.
Können folglich die Hirnaktivitätspotentiale auch durch Klang beeinflusst werden?
Es gibt Beobachtungen über die Wirkung von Musik, daher stellt sich die Frage, was ist Klang, gibt es Unterschiede/Gemeinsamkeiten von Klang und Musik?

Klang

Unter Klang versteht man einen Grundton mit weiteren harmonischen Obertönen. Die Frequenzen der Obertöne sind dem Klang, im Gegensatz zum Geräusch, ganzzahlige Vielfache der Grundfrequenz. Ein Geräusch (von Rauschen) ist ein nichtperiodisches Schallereignis mit ungeregeltem Zeitverlauf, dem keine Tonhöhe zugeordnet werden kann. Ein Geräusch bildet damit einen Gegensatz zum Ton und zum Klang.

Musik

Musik hingegen ist gestaltete Zeit (im Gegensatz etwa zur bildenden Kunst, die Raum gestaltet) und kann nur als Ablauf in der Zeit erlebt werden. Musik setzt eine rhythmische Ordnung ihres Rohmaterials (Geräusche, Töne, Klänge) voraus. Der Begriff Melodie (vom griech.: melos = Lied + odé = Ode) bezeichnet in der Musik die Aufeinanderfolge von Tönen in der Zeit.
Ob die Entwicklung von Musik zur Kommunikation vor der Sprachentwicklung oder beide in einer wechselseitigen Beeinflussung stattfanden, wird sich nicht mehr klären lassen. Aber Musik ist als Kommunikationsmittel weltweit verbreitet. Die Psychologie sagt, dass Musik Emotionen transportiert, aber auch Emotionen verändert.

Die Wirkung von Musik und ihr möglicher therapeutischer Einsatz können bis in die vorchristliche Zeit belegt werden. Plinius (23-79 n. Chr.) berichtet vom Einsatz der Musik gegen Gelenkschmerzen. In der Antike wurde der Heilgesang angewandt. Leonardo da Vinci analysierte den Puls und verfasste eine spezielle Notation, die bis ins 19. Jahrhundert in der Medizin Verwendung fand.

Novalis (Dichter der Romantik) sagt:

»Jede Krankheit ist ein musikalisches Problem!«

Kann man daraus schließen, dass sich die Disharmonie der Schwingungen mit Hilfe von Musik auch wieder in ein harmonisches Schwingen verwandeln lässt?
Dieser Gedanke kommt dem Paracelsischen Ansatz gleich: Ähnliches mit Ähnlichem zu heilen, was Hahnemann zum Grundgedanken der Homöopathie machte.

Welche Wirkung von Musik kann beim Einsatz von Klangschalen erwartet werden?
Durch den Kontakt mit den Klangschalen können vibroakustische Reize auf den Körper des Klienten übertragen werden; sie führen zu einer sinnlicheren Perzeption des Klanges, da sowohl Hörsinn als auch der taktile Sinn involviert sind.

Reaktionen auf angenehme Musik korrelieren mit Aktivitäten in Gehirnregionen, die mit Belohnung und Emotion zu tun haben. Angenehme Musik (Klänge) aktiviert das sogenannte Belohnungssystem.

Immer wenn wir uns wohlfühlen (das kann auch durch Essen von Schokolade sein) kommt es zu einer Ausschüttung von Endorphinen, die ein Wohlgefühl bewirken und Schmerzen lindern. Ebenso wird Serotonin vermehrt gebildet, welches für die Glücksgefühle zuständig ist. Daneben werden auch Cannabinoide produziert und ausgeschüttet. Dadurch wird unsere Stimmung verbessert, Ärger und Schmerzen werden erträglicher. Außerdem wird der Parasympatikus aktiviert, dies bewirkt eine Senkung des Cortisolspiegels im Blut (ein Stresshormon, das als Risikofaktor für Herz-/Kreislauferkrankungen, Herzinfarkt gilt). Schließlich wird die Bildung von Immunglobulinen angeregt, was im Gesamten zu einer Stärkung des Immunsystems beiträgt.
In diesem Sinne sagt Prof. G. Bernatzky (Universität Salzburg) folgendes:

»Musik kann die Ausschüttung verschiedener Neurotransmitter anregen. Diese Überträgerstoffe sind für die Weiterleitung von Signalen zwischen den Nervenzellen zuständig. In einer tierexperimentellen Studie in Zusammenarbeit mit Jaak Panksepp konnten wir beispielsweise zeigen, dass Hühnerküken, denen mehr als zehn Tage lang für täglich 30 Minuten eine ausgewählte Musik präsentiert wurde, deutlich mehr solcher Transmitterstoffe im Blut hatten. Besonders stark – nämlich um 200 Prozent – stieg der Dopaminspiegel an. In einer Studie mit Parkinsonkranken konnten wir nun zeigen, dass das gezielte Hören einer rhythmisch akzentuierten Musik zumindest für einige Zeit die Bewegungskoordination der Patienten und Patientinnen verbessert.«

Musik wird nicht nur über das Ohr aufgenommen. Die Schallwellen wirken auch direkt auf den Körper und lösen dabei Resonanzerscheinungen aus. Das heißt, der Körper schwingt mit der Musik mit. Dies ist ein Grund, warum auch Menschen mit Gehörproblemen von den positiven Wirkungen von Musik und Klang profitieren. Auch in der Behandlung von Komapatienten wird über positive Erfahrungen berichtet. Das Mitschwingen des Körpers beziehungsweise von bestimmten Körperteilen wird beispielsweise auch dazu genutzt, um Schmerzlinderung (durch tiefe Entspannung) herbeizuführen.
Die Wirkung der Klangmassage nach Peter Hess® beruht auf den Schwingungsverhältnissen/Frequenzen des Klanges, die über das Gehör aufgenommen werden. Bei einer Klangmassage werden zudem die Schwingungsenergien, die durch das Anschlagen der Klangschale entstehen, direkt auf den Körper übertragen und durch den hohen Wassergehalt im Körper weitergeleitet.
»Durch einen gezielten Umgang mit den individuellen Schwingungen kommen wir wieder in Einklang mit uns selbst!«, Zitat: Peter Hess.

Der gezielte Einsatz des Klangmaterials setzt eine fundierte Ausbildung, Wissen und Erfahrung in der praktischen Anwendung von Klangschalen und/oder Gongs voraus. Neben der Compliance scheint mir die Wirkung jedoch im Besonderen abhängig zu sein von der Resonanzfähigkeit des Therapeuten/der Therapeutin. Das einfühlende Mitschwingen, die Haltung und Einstellung können die Wirkung beeinflussen.

KLANGMASSAGE IN DER ERGOTHERAPIE

Zeljko Vlahovic

Mittlerweile ist die Methode der Klangmassage nach Peter Hess® ein fester Bestandteil in verschiedenen Therapiebereichen geworden, so auch in der Ergotherapie.

In der Ergotherapie geht es darum, den Menschen in umfassender Weise zu helfen, die Dinge des täglichen Lebens bestmöglich bewältigen zu können. Die Klangmassage ist über den Wellness-/Selfness-Bereich hinaus auch in der Orthopädie, Neurologie, Geriatrie, Pädiatrie, Psychiatrie oder Behindertenarbeit anerkannt.

Ich arbeite zurzeit schwerpunktmäßig in einer Suchtklinik im Bereich Wahrnehmung und Entspannung. Die Klangmassage ist für mich ein wertvoller Begleiter geworden, um den Menschen Körperwahrnehmung, Sinnesschulung und Entspannung auf eine achtsame Art und Weise nahe zu bringen. Die Einsatzmöglichkeiten sind dabei sehr vielfältig:

- Die emotionale und körperliche Wahrnehmungsfähigkeit fördern
- Die eigene Grenzen spüren
- Die Grenzen der Anderen wahrnehmen
- Förderung konstruktiver Interaktion
- Stress- und Spannungsabbau
- Förderung der Entspannungsfähigkeit
- Steigerung der Frustrationstoleranz
- Selbstwertgefühl und Selbstvertrauen stärken
- Lebensbewältigungsstrategien entwickeln

Die Methode der Klangmassage bietet vielseitige Möglichkeiten, um die Menschen, die in diesen Bereichen Defizite haben, zu begleiten und sie dabei zu unterstützen, ihre Defizite auszugleichen.

Ein besonders wichtiges Element für meine Arbeit ist, dass die Klänge eine vertrauensvolle, sichere und geborgene Atmosphäre schaffen und mir als

Therapeut helfen, in meiner Mitte zu bleiben und gut mit dem Patienten in Resonanz zu gehen – eine unabdingbare Voraussetzung für eine konstruktive Zusammenarbeit. Über die Klänge wird die Kontaktaufnahme und somit die Möglichkeit nonverbaler Kommunikation erleichtert.

Ich biete in meiner Arbeit mit suchtkranken Menschen, innerhalb einer Fachklinik für Alkohol-, Medikamenten- und Mehrfachabhängigkeit, die Klangmassage nach Peter Hess® als von den Stationstherapeuten verschriebene Indikationsbehandlung, sowohl für Einzelpersonen als auch für Gruppen an.

Grundüberlegung meines Ansatzes ist, dass der süchtige Mensch eine Angespanntheit in sich trägt, die er nicht bewältigen kann. Deshalb ist er von Suchtsubstanzen wie Alkohol oder Drogen abhängig, um die Welt, in der er lebt, für sich erträglicher zu machen.
Auf dieser Basis ist es klar, dass ich dem Betroffenen ein Angebot machen muss, das für ihn einen »Ersatz« darstellt. Ich gebe ihm ein Werkzeug an die Hand, mit dessen Hilfe er selbst gut für sich sorgen kann.
Ich arbeite ressourcenorientiert, gehe davon aus, dass jeder Mensch das Potential in sich trägt, mit seiner Umwelt zurechtzukommen und für sich selbst gut zu sorgen. Die Klangmassage kann hier von unschätzbarem Wert sein, um dieses Potential zu aktivieren.

Die Klangmassage bietet dem Patienten die Möglichkeit, die fehlende Entspannung aus sich heraus zu erleben, empfinden und herbeiführen zu können. Der Körper wird über die Vibrationen der Klänge angesprochen, der Patient erlebt sich wieder in Kontakt mit der eigenen körperlichen Wahrnehmung. Er lernt innere Bedürfnisse und Impulse von: »Das tut mir gut, das tut mir nicht gut!« wahrzunehmen. Dies sind Impulse, die häufig nicht (mehr) wahrgenommen werden. Es muss erst (neu) gelernt werden, auf sie zu hören, ihnen zu vertrauen.
Die Klangmassage hilft eine Basis zu schaffen, sich selbst wieder zu spüren, sich wertfrei anzunehmen und dadurch auch für die Wahrnehmung eines Gegenübers geschult zu werden. Im Geben und Nehmen der Klänge während einer Klangmassage in der Gruppe kann sich der Patient in seiner Hingabefähigkeit als Nehmender oder in seiner Achtsamkeit für die

Bedürfnisse und Reaktionen des Gegenübers als Gebender neu entdecken. Dies sind wichtige Grundlagen, um später in seinem gewohnten Lebensumfeld wieder zurechtzukommen – auch ohne Suchtmittel.

Nach meinen Erfahrungen erleichtern die Klänge das »Sich-einlassen-können«, das Annehmen und Loslassen, sie sprechen das ursprüngliche Vertrauen, das Urvertrauen in die eigenen Fähigkeiten und in die Welt an. Ich bin immer wieder verblüfft, wie schnell Menschen, denen es sonst schwer fällt sich zu entspannen, in der einhüllenden Atmosphäre der Klangschalen-Klänge Vertrauen fassen können, Sicherheit und Geborgenheit erleben.

Manche Patienten berichten nach der Klangmassage:

- Das ist ja genial, so hab ich meinen Körper noch nie gespürt!
- Die Klänge helfen mir, die vielen Gedanken in meinem Kopf zu ordnen. Ich fühle mich befreit und lockerer!

Gute Erfahrungen habe ich mit der Klangmassage nach Peter Hess® auch in der Behindertenarbeit und in der Pädiatrie gesammelt. Hier kann die Methode sowohl in der Arbeit mit behinderten als auch mit nicht behinderten Kindern vielfältig zum Einsatz kommen.

Über die Möglichkeit der Kontaktaufnahme als nonverbales Kommunikationsmittel sowie als Medium zur Wahrnehmungsschulung kann die Klangmassage auch sehr effektiv als vorbereitendes Medium genutzt werden, zum Beispiel bei graphomotorischen Übungen. Die feinen Vibrationen der Klänge lockern über den Unterarm und den Handteller die Muskulatur, der Muskeltonus senkt sich, eine entspannte Atmosphäre entsteht. Ideale Voraussetzungen werden so geschaffen, um beispielsweise die Schrift zu fördern. Dies geschieht durch die Klangmassage, die den Spannungszustand der Hand, die Stifthaltung und vieles mehr beeinflusst.

Eine gute Kombinationsmöglichkeit ist auch die Verbindung von Klang und Sensorischer Integration. Klangschalen laden dazu ein, sie mit den verschiedenen Sinnen wahrzunehmen. Im Rahmen der Sensorischen Integration können die Klänge und ihre Vibrationen hervorragend zur Schulung der Oberflächensensibilität, Tiefensensorik, der Körperschemata und der Körperwahrnehmung genutzt werden.

Auch in der Arbeit mit autistischen Kindern konnte ich gute Erfolge erzielen. Die Klangschalen und ihre Klänge wecken die Neugier der Kinder, ermöglichen auf nicht-sprachlicher (nonverbaler) Ebene eine Kontaktaufnahme. Die Schwingungen der Klangschalen bieten eine gemeinsame Grundlage, auf der ein »Einschwingen« aufeinander unterstützt wird, so dass Kind und Ergotherapeut/in leichterhand miteinander in Resonanz kommen.

In der vertrauensvollen Atmosphäre der Klänge entspannen sich die Menschen und erleben ein Gefühl von Angenommensein, von ich-bin-okay-so-wie-ich-bin.

KLANGMASSAGE IN DER ÄRZTLICHEN PRAXIS

Dr. Herbert Seitz

Die Klangmassage nach Peter Hess® zeigt in ihrer Behandlungsgrundlage Parallelen zu östlichen, teilweise schamanischen Heilmethoden und deren Wirkprinzipien auf. Bei diesen Methoden wird unter anderem davon ausgegangen, dass Klänge die »bösen Geister« aus dem Körper vertreiben können, die Blockaden, Schmerzen, Leid und Krankheit verursachen. Klänge tragen zur Harmonisierung, zu Wohlbefinden, Heilung und Gesundung bei.

Aus meiner jahrelangen Anwendung der Klangmassage nach Peter Hess® in meinem Berufsalltag als Arzt weiß ich um die unterstützende Wirkung dieser Methode.

So lassen sich beispielsweise bei Patienten mit Bandscheibenleiden sehr positive Erfolge erzielen. Trotz Vorliegen der Indikation einer Bandscheibenoperation, die sich aus neurologischen und orthopädischen Unersuchungsbefunden (Röntgen, CT, MRT) ergibt, kann oft mit Hilfe der Klangmassage eine Operation umgangen werden.

Wie kommt es dazu, dass sich ein operativer Eingriff in einigen Fällen erübrigt?

Der Klangbehandlung liegen verschiedene, ganz einfache Wirkungsprinzipien zu Grunde, die dies erklären:
Durch das Wohlfühlen während und nach der Klangbehandlung können sich muskuläre Verspannungen lösen. Diese sind die Hauptursache des chronischen Bandscheibenleidens.
Gefühle wie Unsicherheit, Selbstzweifel, Lebensangst gehen oft mit Verkrampfungen der Rückenmuskulatur einher und weichen durch die Entspannung der Klangmassage zunehmend Gefühlen wie Wohlbefinden und Zuversicht. Der Patient gewinnt so neues Vertrauen in die eigene Gesundung.
Ferner kommt es durch das Wohlgefühl bei der Klangmassage zu einer Aufmerksamkeitsverschiebung weg vom Schmerz – die Schmerzspirale wird durchbrochen.

Bereits während der Klangmassage kann es zu einer Schmerzreduzierung kommen, die oft auch über einen längeren Zeitraum anhält. Es kommt zu einem Loslassen des wahrgenommenen und fixierten Schmerzes und somit auf unterbewusster Ebene zu einer Minderung oder Löschung der tief verankerten Schmerzangst.
Durch eine Wiederholung der neuen, wohltuenden Erfahrung während und nach einer Klangmassage kommt es zu einer Veränderung der Einstellung zur Krankheit beziehungsweise zum Schmerzbereich. Anstelle der Ängste stellt sich ein Gefühl von Wohlbefinden und Sicherheit ein. So wird der gesamte ehemals erkrankte beziehungsweise schmerzende Bereich gestärkt.

Wie hier deutlich wird, liegt der Klangmassage nach Peter Hess® ein völlig anderes Grundprinzip als der gängigen Schulmedizin zu Grunde: Nicht das Kranke steht im Mittelpunkt sondern die Stärkung des Gesunden. Bei der Klangmassage geht es in erster Line darum, den Patienten zu stärken und bei seinem Heilungsprozess zu unterstützen, indem ihm ein Gefühl von Sicherheit, Vertrauen und Mut vermittelt wird. Auf dieser Basis kann Gesundung im ganzheitlichen Sinne geschehen, können die körpereigenen Selbstheilungskräfte mobilisiert werden. Mit der Klangmassage werden die harmonisierenden, ordnungsschaffenden und gesundheitsfördernden Kräfte im Menschen aktiviert und gestärkt.

Auch in der Behandlung von Schlaganfallpatienten lassen sich mit der Klangmassage sehr gute Erfolge erzielen. Sowohl bei einer Hirnblutung als auch bei einem Hirninfarkt werden im Zentrum des Geschehens Zellen und Leitungsbahnen zerstört. Hier ist das Prinzip der Frühbehandlung zu beachten. Das heißt, es ist wichtig, dass die nach einem Schlaganfall mehr oder weniger geschädigten Hirnzellen und Leitungsbahnen am Rande des Infarktareals möglichst früh wieder stimuliert und aktiviert werden, damit sie zumindest teilweise die Funktion der abgestorbenen Areale übernehmen können. Durch möglichst früh einsetzende Klangbehandlungen können Zellareale und Leitungsbahnen aktiviert werden. Die Erfahrungen weisen darauf hin, dass die Klangmassage hier in besonderer Weise die neuronale Neuvernetzung unterstützt. Gerade bei Schlaganfallpatienten hat sich die Kombination von Schulmedizin und Klangmassage nach Peter Hess® bewährt.

Die Klangmassage greift hier aber nicht nur auf körperlicher Ebene. Der Schlaganfall stellt meist sowohl für den Patienten als auch für seine Angehörigen ein Schockerlebnis dar. Anstelle der gewohnten Gesundheit tritt plötzlich der Verlust von Bewegungsfähigkeit, Sprache und geistiger Aktivität auf, der bis zur totalen Pflegebedürftigkeit reichen kann. Der Patient findet sich urplötzlich in einer völlig ungewohnten Lebenssituation wieder, die bei ihm natürlich Ängste, Niedergeschlagenheit, Hilflosigkeit bis hin zu depressiven Zuständen verursachen kann. Die Angehörigen haben es mit einem veränderten Familienmitglied zu tun und wissen oft nicht, wie sie mit dieser Situation seelisch und körperlich umgehen sollen.

Durch diesen Schock ist die Lebensenergie des Betroffenen und der Angehörigen stark beeinträchtigt. Die Klangmassage kann hier mit ihrer entspannenden, ausgleichenden und angstreduzierenden Wirkung wunderbar zum Einsatz kommen. Sie kann beim Patienten die Energie mobilisieren, die er zur Genesung benötigt und die Angehörigen dabei unterstützen, sich in der neuen Lebenssituation zurecht zu finden.

Nicht selten führt der schnelle Einsatz der Klangmassage bei dieser Patientengruppe zu einem rascheren Genesungserfolg und einer Reduzierung der Medikation, was auch zu einer finanziellen Entlastung des Gesundheitssystem beiträgt.

Es gibt natürlich noch viele andere Beschwerden, bei denen die Klangmassage nach Peter Hess® sehr gut unterstützend eingesetzt werden kann. Besonders hervorzuheben sind hier:

- Durchblutungsstörungen
- Gelenkbeschwerden
- Wirbelsäulenprobleme
- Unfallfolgen
- Krebs

Aber die Klangmassage kann nicht nur im Falle von bereits eingetretener Krankheit und Beschwerden eingesetzt werden, sondern vor allem auch zur Gesunderhaltung, so dass Krankheit erst gar nicht entstehen kann.

Unser Gesundheitssystem schenkt vor allem der Krankheit Aufmerksamkeit. Im alten chinesischen Heil-Prinzip beispielsweise war dies genau umgekehrt. Hier verfolgte der Arzt in erster Linie das Anliegen, die Gesundheit des Menschen zu erhalten. Er wurde auch lediglich für seine gesundheitsfördernde Tätigkeit bezahlt. Wurde der betreute Mensch krank, dann erhielt der Arzt kein Honorar mehr.

Mehr und mehr besinnt man sich nun auch im Westen auf den Aspekt der Gesunderhaltung und zunehmend finden auch östliche »Heilmethoden« mehr Anerkennung. Hier können wir im Westen sicher viel von den ursprünglichen Heilmethoden lernen.

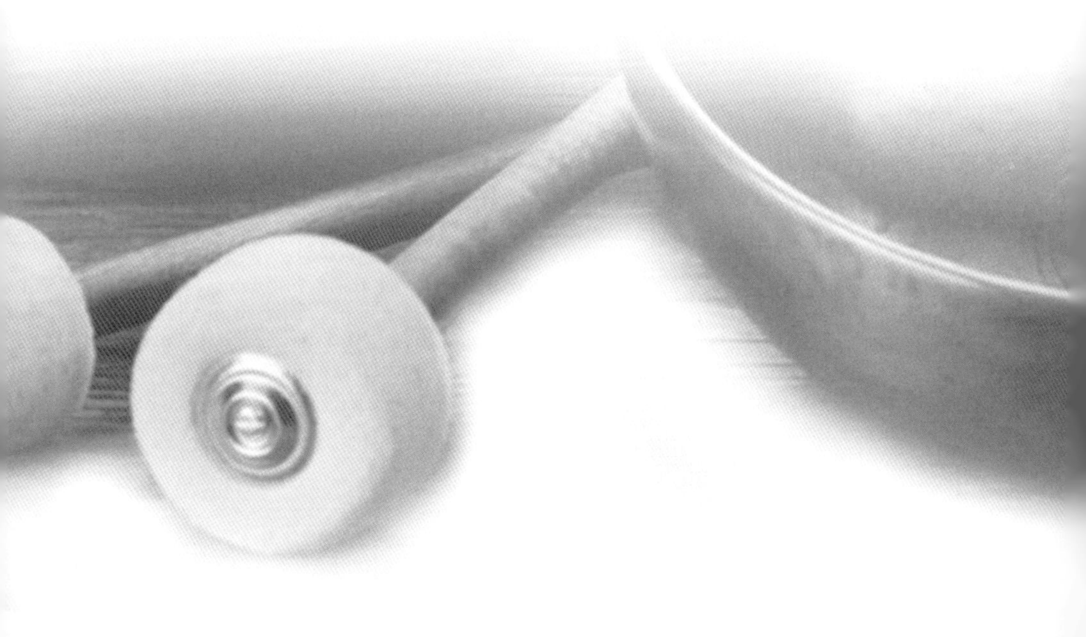

AUTORENVERZEICHNIS

Adolfs Susanne
ist Erzieherin und ausgebildet in der Klangmassage nach Peter Hess®. Sie ist Referentin unter anderem für den Caritasverband Köln und Essen und lebt in Hilden.

Beutel Alexander
ist staatlich geprüfter Masseur und medizinischer Bademeister, hat sich in den verschiedensten Massagetechniken weitergebildet. Er lebt in Wien und ist dort Fachlehrer für Massage mit den Schwerpunkten Klassische Massage, Manuelle Lymphdrainage und Bindegewebsmassage. Er leitet die Klangmassage-Ausbildungsseminare in Österreich.
Kontakt: info@klangmassage-therapie.at

Böhme Ingo
ist Autodidakt, Künstler, Musiker und seit 1982 tätig als Instrumentenbauer mit weltweitem Instrumenten-Vertrieb. Sein Interesse an Einfachheit im Spiel, Schönheit in Form und Klang sowie der Spaß am Material, lassen immer wieder neue Klangwelten entstehen. Er lebt in Marburg.
Kontakt: service@boehmemusic.de

Bollmann Christian
ist Obertonsänger und Multiinstrumentalist. In ihm fließen die Erfahrungen von Musik und Meditation zusammen. Seit 1969 beschäftigt er sich mit Obertongesang und dem heilenden Aspekt von Klängen. Er ist Gründer des Oberton-Chores Düsseldorf und Pionier auf dem Weg zu neuer meditativer Musik.
Kontakt: Lichthaus-Musik@freenet.de

Dierlich Elisabeth
ist Masseurin, Klang- und Körpertherapeutin, Heilpraktikerin für Psychotherapie und ausgebildet in Aura- und Chakrenarbeit. Sie ist seit 1994 Ausbildungsleiterin in der Klangmassage nach Peter Hess®.
Kontakt: info@klang-koerper-therapie.de

Esser Gaby
ist Dipl. Sozialpädagogin, Entspannungspädagogin, ausgebildet in Klangmassage nach Peter Hess® und absolviert derzeit die Weiterbildung Klangpädagogik nach Peter Hess®. Sie war viele Jahre im Bereich der offenen Kinder- und Jugendarbeit tätig und arbeitet seit 1989 in einer teilstationären psychiatrischen Einrichtung.
Kontakt: gabyesser@t-online.de

Gläser-Böhme Martina
arbeitet seit vielen Jahren begleitend mit Menschen. Die Ausbildung in Aqua-Wellness und TouchLife Massage sowie Reiki und Lebensberatungserfahrung hat sie gelehrt, in Wachsamkeit mit Menschen zu sein und sie durch Zuwendung an ihre Träume und Bedürfnisse an sich selbst zu erinnern.

Glock Anne
ist Dipl. Sozialarbeiterin und verfügt über eine zehnjährige Berufserfahrung in Einrichtungen für behinderte Menschen. Zurzeit ist sie in einem Zentrum für Kinder-, Jugend- und Familienhilfe tätig und arbeitet in ihrer eigenen Praxis für Pädagogik, Entspannung und Beratung sowie in Seminar- und Kursleitung. Weiterbildung in Klangmassage und Klangpädagogik nach Peter Hess®, systemische Beratung, Lebens- und Trauerbegleitung nach Dr. Jorgos Canacakis, Kinesiologie, Klipp & Klapp Lerntrainerin.
Kontakt: Einklang.Glock.Wenzel@t-online.de

Prof. Dr. ing. Gutschow Niels
hat sich bereits 1962 in Nepal umgetan, bevor er einige Monate in einem burmesischen Kloster als buddhistischer Mönch verbracht hatte. Nach dem Architekturstudium kehrte er 1970 nach Nepal zurück, wo er seit den 80er Jahren mehrere Monate im Jahr verbringt. Anfangs war er an Projekten der Denkmalpflege beteiligt und seit 1999 baut er dort auch Stupas, buddhistische Votivbauten. Für das Tal von Kathmandu hat er eine umfangreiche Monographie über diese Bauten publiziert. Seine jüngste Arbeit konzentriert sich auf die Dokumentation lebenszyklischer Übergangsrituale, zu denen auch Totenrituale gehören.
Prof. Dr. Niels Gutschow lehrt als Honorarprofessor an der Universität Heidelberg zu den Themen von Feste und Rituale in Nepal und Indien.
Kontakt: gutschow@t-online.de

Henning Connie
arbeitet seit fast 25 Jahren in freier, eigener Praxis als Hebamme und ist Heilpraktikerin für Psychotherapie. Weiterbildung u.a. in Craniosacral-Therapie und systemischer Familienberatung sowie Fortbildung in lösungsorientierter Hypnose. Sie ist Ausbilderin in der Klangmassage nach Peter Hess®.
Kontakt: connie-henning@t-online.de

Hess Peter
ist Pädagoge und Diplom-Ingenieur (FH) für Physikalische Technik. In jahrelanger Forschung und Praxis entwickelte er die Klangmassage nach Peter Hess®. Als Leiter des Instituts für Klang-Massage-Therapie bietet Peter Hess Aus- und Weiterbildungsseminare in der Klangmassage im In- und Ausland an. Er ist Vorsitzender des Europäischen Fachverbandes Klang-Massage-Therapie e.V.
Kontakt: info@klang-massage-therapie.de

Dr. med. Hess Peter
ist Arzt für Neurologie und Psychiatrie, Musiktherapeut (BVM). Er arbeitet als Oberarzt in der Stadtklinik Frankenthal und leitet dort die psychiatrische Tagesklinik mit Behandlungsstation. Im Laufe der letzten 20 Jahre entwickelte er spezielle Formen aktiver und rezeptiver Musiktherapie mit archaischen Klangkörpern, insbesondere die

sogenannte Gongtherapie. Sein besonderes Interessengebiet liegt in der Erforschung außergewöhnlicher Wachbewusstseinszustände. Er ist Mitbegründer des ECBS (Europäischen Collegium für Bewusstseinsstudien).
Kontakt: sound.trance@t-online.de

Hess Heike
ist Heilpraktikerin und Mutter von drei Kindern. Ausgebildet in psychoanalytischer Psychotherapie, schamanistischer Therapie, Aromamassage und Klangtherapie (nach Joachim Marz und Peter Hess). Ihr Arbeitsschwerpunkt liegt in der Begleitung von Menschen, die Schwierigkeiten haben, veränderte Bewusstsseinzustände in den Alltag zu integrieren. Seminar- und Konzerttätigkeit.
Kontakt: sound.trance@t-online.de

Dr. phil. Jürgens Renate
ist Studienrätin an der Toni-Jensen Gesamtschule Kiel und unterrichtet die Fächer Musik, Philosophie und Geschichte. Sie ist ausgebildet in der Klangmassage nach Peter Hess® und auch als Chorleiterin und Sängerin aktiv.

Kainz Manuela
ist seit 1992 als Sozialpädagogin im Therapiezentrum in Ybbs/Donau in Österreich tätig. Ihre Aufgabe ist die Betreuung von Menschen mit schwerer geistiger und mehrfacher Behinderung. Seit 2000 liegen die beruflichen Schwerpunkte in Snoezelen und Klangmassage. Als freiberufliche Klangpädagogin nach Peter Hess® bietet sie Einzel- und Gruppenarbeit in Schulen an. Sie lebt in Ybbs/Donau (A) und ist in Österreich als Ausbildungsleiterin in Klangmassage nach Peter Hess® tätig.
Kontakt: manuela.kainz@wienkav.at

Kasprowski Norbert
ist Dipl. Sozialpädagoge und ausgebildet in Klangmassage nach Peter Hess®. Er ist pädagogischer Berater des Instituts für Klang-Massage-Therapie im Bereich Kindertagesstätten und integrative Einrichtungen sowie Referent für den Caritasverband Köln, Essen und das DRK Nordrhein. Er lebt in Hilden.
Kontakt: Norbert.Kasprowski@t-online.de

Kleinschmidt Ursula
ist Erzieherin, Ergotherapeutin und anerkannte Bobath-Instruktorin, ausgebildet in der Klangmassage und Klangpädagogik nach Peter Hess®. Sie lebt in Bern (Schweiz).
Kontakt: u.kleinschmidt@vodafone.de

Dr. phil. Koller Christina
ist Dipl. Sozialpädagogin (FH) und promovierte an der Universität Bamberg in Pädagogik und ist ausgebildet in Klangmassage und Klangpädagogik nach Peter Hess®. Sie ist als wissenschaftliche Mitarbeiterin am Institut für Klang-Massage-Therapie tätig und Geschäftsführerin des Europäischen Fachverbandes Klang-Massage-Therapie e.V.
Kontakt: christina.koller@onlinehome.de

Marijan-Berendt Jadranka
stammt aus Buna-Mostar (Herziegowina), seit 1970 lebt sie in Deutschland. Musikstudium, Schauspielausbildung, dreijährige Ausbildung am Institut von Prof. Ilse Middendorf im Erfahrbaren Atem in Beerfelden/Odenwald und in Berlin. Danach sieben Jahre mitleitende Ausbilderin am gleichen Institut. Zurzeit Ausbilderin am Atem-Institut Barbara Karst in Müllheim bei Freiburg. Ausgebildet in Klangmassage nach Peter Hess®.
Kontakt: JadrankaM.Berendt@t-online.de

Dr. med. Matzenberger Rosa
ist Klinische Psychologin, Gesundheitspsychologin und Psychotherapeutin, Supervisorin in Österreich. Ausbildung in Systemischer Familientherapie und Weiterbildung in Kinder- und Jugendlichenpsychotherapie sowie in Hypnotherapie und Klangmassage nach Peter Hess®.
Kontakt: rmatzenberger@hotmail.com

Meisner Angelika
ist Krankenschwester mit 20-jähriger Berufserfahrung in unterschiedlichen Fachbereichen. Sie ist ausgebildet in Klangmassage und Klangmassage-Therapie und arbeitet unter anderem als Hospizhelferin in der Sterbebegleitung. 2001 hat sie eine eigene Praxis für Klangmassage in Worpswede eröffnet. Sie ist Seminarleiterin am Institut für Klang-Massage-Therapie.
Kontakt: kontakt@ameisklang.de

Regensburger Doris
ist staatlich geprüfte Heilmasseurin und ausgebildet in Klangmassage nach Peter Hess®. Sie leitet in Österreich Ausbildungsseminare in der Klangmassage nach Peter Hess®.
Kontakt: regensb_doris@hotmail.com

PD Dr. med. Ross Uwe H.
ist Arzt für HNO-Heilkunde und Psychotherapeut. Im Auftrag der Univ.-HNO-Klinik Freiburg hat er ein neuartiges Konzept zur kompetenz- und lösungsorientierten Tinnitus-Therapie nach Ansätzen der modernen Hypnose entwickelt und geleitet. Er blickt auf langjährige Erfahrungen in der therapeutischen Anwendung der Klangmassage sowohl in der ambulanten als auch stationären Arbeit mit mehreren hundert Betroffenen zurück. Er arbeitet als Arzt, Therapeut und Coach in eigener Praxis in Freiburg i. Breisgau.
Kontakt: dr-ross@web.de

Schadlu Jessica
Magister, hat Psychologie und vergleichende Religionswissenschaften studiert. Sie ist Leiterin des Bildungswerks für psychosoziale Berufe in Krefeld.
Kontakt: taylormaid@hotmail.com

Schmidt Peter J.
ist Heilpraktiker in eigener Praxis in Herscheid am Ebbegebirge, Baubiologe, ausgebildet in Klangmassage nach Peter Hess®. Seine naturheilkundlichen Fachgebiete sind u.a. Mayr-Kuren und Anwendung von Blutegeln.
Kontakt: HPSchmidtNRW@aol.com

Dr. med. Seitz Herbert
ist Chirurg mit jahrzehntelanger klinischer Erfahrung. Er praktiziert in eigener Praxis mit Klangmassage nach Peter Hess® in Kufstein (Österreich).
Kontakt: h.seitz@gmx.at

Stemmer-Wisser Karin
ist Oberstudienrätin a.D., Psychologische Beraterin IAPP, ausgebildet u.a. in lösungsfokussierter Kurzzeitberatung, Klangmassage und Klangpädagogik nach Peter Hess® und Lehrerin für Autogenes Training. Sie ist Ausbilderin in der Klangmassage nach Peter Hess®.
Kontakt: ForumMensch@t-online.de

Vlahovic Zeljko
ist selbständiger Ergotherapeut, Ausbilder in der Klangmassage nach Peter Hess® und lebt in der Rhön.
Kontakt: z.vlahovic@gmx.de

Vogel Christine
ist Ärztin und Integrative Gestalt- und Musiktherapeutin (BVM). Sie arbeitet in Berlin in eigener, ganzheitlich orientierter Praxis und als Dozentin und Seminarleiterin. Ausgebildet in Klangmassage nach Peter Hess®, leitet sie auch Seminare in der Weiterbildung Klangmassage-Therapie und gibt Kennlernkurse in der Klangmassage nach Peter Hess®.
Kontakt: cevo@gmx.de

Wenzel Dagmar
ist Fachlehrerin und in einer Werkstatt für behinderte Menschen beschäftigt. Sie arbeitet auch in eigener Praxis für Pädagogik, Entspannung und Beratung sowie als Seminar- und Kursleitung. Weiterbildung in Klangmassage und Klangpädagogik nach Peter Hess®, systemischer Beratung, Lebens- und Trauerbegleitung nach Dr. Jorgos Canacakis, Kinesiologie, Klipp & Klapp Lerntrainerin.
Kontakt: Einklang.Glock.Wenzel@t-online.de

Zurek Petra Emily
ist Erzieherin, Weiterbildungen in Kinesiologie, lösungsfokussierter Kurzzeitberatung und Tanztherapie. Seminartätigkeit seit 1991. Sie ist Ausbilderin in Klangmassage nach Peter Hess® und leitet die von ihr und Peter Hess entwickelte Weiterbildung Klangpädagogik nach Peter Hess®.
Kontakt: info@klangpaedagogik.com

Kontaktadressen

Institut für Klang-Massage-Therapie

Ausbildung, Weiterbildung und Fortbildung in der Klangmassage nach Peter Hess®
Uenzer Dorfstraße 71
D-27305 Uenzen
Tel. 0049 (0) 4252-939809
Fax: 0049 (0) 4252-3436
E-Mail: info@klang-massage-therapie.de
www.klang-massage-therapie.de

Europäischer Fachverband Klang-Massage-Therapie e.V.

Anschrift der Geschäftsstelle:
Dr. Christina Koller
Maximilianstr. 2
D-93047 Regensburg
Tel. 0049 (0) 941-5840480
Fax: 0049 (0) 941-5840574
E-Mail: christina.koller@onlinehome.de
www.fachverband-klang.de

Verlag Peter Hess

Fachbuchverlag für Klangmassage
Leitung: Ursel Mathew
Am Tiggelhoff 13
D-48465 Schüttorf
Tel. und Fax: 0049 (0) 5923-969629
E-Mail: verlag-peterhess@online.de
www.verlag-peter-hess.de

Nepal Importe

peter hess products®:
Therapie-Klangschalen und andere therapeutische Klangmaterialien
Uenzer Dorfstr. 71
D-27305 Uenzen
Tel. 0049 (0) 4252-2411
Fax: 0049 (0) 4252-3436
E-Mail: Info@nepal-importe.de
www.nepal-importe.de

Klangmassage nach Peter Hess® im Ausland

Belgien

Francoise Depuydt
St. Jansgasthuisstraat 12
B-8470 Gistel
Tel. 0032-59276203
Mobil: 0032-476240649
E-Mail: dekristalberg@skynet.be

Dänemark

NORDLYS CENTRET aps
Almindsøvænget 4
DK 8600 Silkeborg
Tel. 0045-86811081
Fax: 0045-86805510
E-Mail: nc@nordlys.dk
www.nordlys.dl

Griechenland

Nikolaos & Anna Rose Avramidis
Gartenkamp 7
D-48465 Schüttorf (Deutschland)
Tel. Griechenland:
0030 - 694-6209808
Tel. Deutschland:
0049 (0) 5923-969364 o. 5459
www.ixos-masaz-therapeia.com

Luxemburg

Jean-Baptiste Steffen
27A rte. De Boevange
L-7762 Bissen
Tel. 00352-859160
E-Mail: jb.steffen@internet.lu

Niederlande

Klankforum
Evelyn Namara und Rob de Reuver
Partitastraat 4
NL-1312 ES Almere
Tel. 0031-365366797
E-Mail: evelyn@namara.info
www.klankforum.nl

KlankKleur Instituut voor helend tekenen
en klankmassage therapie
Erik Karsemeijer
Hoofdstraat 8
NL-9444 PB Grolloo
Tel. und Fax: 0031-592 50 17 40
E-Mail: info@klankkleur.nl
www.klankkleur.nl

Österreich
Österreichisches Institut für Klang- Massage-Therapie
Seminare und products®:
Therapie-Klangschalen
Alexander Beutel
Puchsbaumgasse 6
A-1100 Wien
Tel. und Fax: 0043-1-602 01 63
E-Mail: info@klang-massage-therapie.at
www.klang-massage-therapie.at

Polyglobe Music
Seminare und products®:
Therapie-Klangschalen
Römerstr. 29
A-6082 Patsch Tirol
Tel. 0043 (0) 512 -370077-0
Fax: 0043 (0) 512 -370077-33
E-Mail: office@polyglobemusic.at
www.polyglobemusic.at

Polen
Seminar- und Gesundheitszentrum "Nada Brahma"
Margarete Musiol
Garbicz 16a
PL-66-235 Torzym
Tel. 0048-68 3414073
Fax: 0048-68 3414093
Mobil: 0048-509 132 755
E-Mail: akama@o2.pl
www.nadabrahma.pl

Portugal
Elisabeth Dierlich und Ingrid Ortelbach
Tel. 00351 096-724 18 27
E-Mail: i.ortelbach@portugalmail.com
www.klang-massage-therapie.ch

Schweden
Ina Kornfeld
Sandtorpsvägen 12 A
S-15330 JÄRNA
Tel. 0046-85 51-709 83
Mobil: 0046 708 33 40 70
E-Mail: ina.k@euromail.se
www.klangmassage.se

Schweiz
Institut für Klang-Massage-Therapie
Elisabeth Dierlich
Industriestrasse 32
CH-5600 Lenzburg
Tel. 0041-62 892 05 58
Fax: 0041-62 892 05 62
E-Mail: kontakt@klang-massage-therapie.ch
www.klang-massage-therapie.ch

Ungarn
Zsuzsa Radnai
Szent Florian Krt. 39/13
H-9700 Szombathely
Tel. 0036-94 311 414

USA
Telse Hunter
Tel. 001-904-338 08 18
E-Mail: telsemerry@yahoo.com

Europäischer Fachverband Klang-Massage-Therapie e.V.

Der Europäische Fachverband Klang-Massage-Therapie e.V. wurde im Mai 1999 gegründet und ist ein Berufsverband für die in der Klangmassage nach Peter Hess® Ausgebildeten. Der Verband trägt der inzwischen europaweiten Verbreitung der Klangmassage nach Peter Hess® Rechnung. Sein Ziel ist die inhaltliche Weiterentwicklung der Klangmassage, Klangpädagogik und Klangmassage-Therapie nach Peter Hess® sowie die umfassende Interessenvertretung und Unterstützung der in der Klangmassage Ausgebildeten in allen Fragen ihrer professionellen Ausübung der Klangmassage nach Peter Hess®.

Mitglied im Fachverband können alle werden, die in Klangmassage nach Peter Hess® ausgebildet sind oder sich in Ausbildung befinden. Der jährliche Mitgliedbeitrag beträgt 31 Euro.

Jeweils im Herbst jeden Jahres findet eine Mitgliederversammlung statt. Am gleichen Wochenende bietet die Fachverbandstagung durch Vorträge und Workshops eine Plattform zum Informations- und Erfahrungsaustausch sowie zur Weiterbildung. Veranstaltungsort ist die Rhön-Akademie Schwarzerden e.V. bei Gersfeld (in der Nähe von Fulda).

Aktivitäten des Fachverbands:

- Veröffentlichung von Fachpublikationen
- Zusammenarbeit mit Berufsgruppen und Berufsverbänden, wie Ergotherapeuten, Physiotherapeuten, Heilberufen, Pädagogen
- Qualitätssicherung der Klangmassage-Ausbildung
- Initiierung und Begleitung von Forschungsprojekten
- Kooperation mit wissenschaftlichen Einrichtungen
- Organisation von Fachkongressen und Weiterbildungsveranstaltungen

Europäischer Fachverband Klang-Massage-Therapie e.V.
Vorsitzender: Peter Hess

Geschäftsstelle:
Dr. Christina Koller · Maximilianstrasse 2 · D-93047 Regensburg
Telefon: 0049 (0) 941-5840480 · Fax: -5840574 · E-Mail: christina.koller@onlinehome.de
www.fachverband-klang.de

Das Organ des Europäischen Fachverbandes Klang-Massage-Therapie e.V. ist die Fachzeitschrift KLANG-MASSAGE-THERAPIE, die ein bis zwei Mal im Jahr zu bestimmten Schwerpunktthemen erscheint.

Zudem veröffentlicht der Verband in Kooperation mit dem Institut für Klang-Massage-Therapie eine „Informations- und Erfahrungsreihe" im Verlag Peter Hess. Die Bücher aus dieser Reihe befassen sich jeweils mit einem spezifischen Thema der Klangmassage-Praxis.

Leseproben zu den verschiedenen Publikationen können auf der Website des Verbandes unter www.fachverband-klang.de eingesehen werden.

Klangmassage nach Peter Hess® in der therapeutischen Praxis
DVD, 58 Minuten
Informationen für Heil- und Heilfachberufe
ISBN - 13: 978-3-938263-12-9
ISBN - 10: 3-938263-12-1
Preis: 16,80 Euro

Ankündigung

DVD
Klangschalen
-
Klangmassage
und ihre
Anwendung

Klangschalen - Klangmassage und ihre Anwendung - Harmonische Schwingungen zur Förderung der Gesundheit
DVD
ISBN - 13: 978-3-938263-14-3
ISBN - 10: 3-938263-14-8
Preis: 9,90 Euro

DVD
Klangmassage
in
Wellness/Selfness

Klangmassage in Wellness / Selfness
DVD
ISBN - 13: 978-3-938263-15-0
ISBN - 10: 3-938263-15-6
Preis: 16,80 Euro

Titel aus Fremdverlagen

können unter der E-Mail Adresse: verlag-peterhess@online.de oder per Fax: 0049 (0) 5923-969629 bestellt werden

Klangschalen für Gesundheit und innere Harmonie
Autor: Peter Hess
7. Auflage
Südwest Verlag, 2006,
ISBN: 3-517-06920-5
Broschur, 96 Seiten
Illustrationen farbig
Preis: 10,95 Euro

Die heilende Kraft der Klangmassage
Entspannen, Stress abbauen, Schmerz lösen mit Klangschalen
Südwest Verlag, 2006
Autor: Peter Hess
60-minütige CD mit zwei geführten Klangreisen,
Sprecherin: Petra Emily Zurek
Broschur, 96 Seiten, vierfarbig
ISBN: 3-517-08214-7
Preis: 17,95 Euro

Ankündigung

Klangschalen für Gesundheit und innere Harmonie
Autor: Peter Hess
veränderte Neuauflage
Südwest Verlag, 2007
ISBN - 13: 978-3-517-06920-3
ISBN - 10: 3-517-06920-5
Broschur, 96 Seiten
Illustrationen farbig
Preis: 10,95 Euro

Klangschalen für Gesundheit und innere Harmonie mit DVD
Autor: Peter Hess
erweiterte Neuauflage
Südwest Verlag, 2007
ISBN - 13: 978-3-517-06920-3
ISBN - 10: 3-517-06920-5
Broschur, 96 Seiten
Illustrationen farbig
Preis: 19,95 Euro

Klangschalen wertvoll für den Alltag
Edition Polyglobe, Österreich
ISBN: 3-9501281-0-7
Broschur, 146 Seiten
Preis (A): 7,90 Euro
Preis (D): 7,10 Euro

Klangmassage Meditation - Tonbuch
(CD + Buch)
Peter Hess
produziert von Peter Hess und Polyglobe Music, Mai 2001
ISBN: 3-9501281-1-5
Preis: 21,90 Euro

Klangmassage nach Peter Hess®
Lehr- und Informations DVD,
80 Minuten, Deutsch/Englisch
PolyglobeMusic & Media, 2006
ISBN: 3-900006-35-0
Preis: 23,90 Euro